英　語

スマホで一問一答！

3

1 受け身の文

❶ 受け身の肯定文

☐The shoes [are] [sold] at that store.

（そのくつはあの店で売られています。）

💡受け身の文は，〈be 動詞＋動詞の過去分詞〉で表す。

☐This house [was] [built] [by] Mr. Morino.

（この家はモリノさんによって建てられました。）

💡「～された」という受け身の過去の文は，be 動詞を過去形にする。「～によって」と行為者を表すときは，by を使う。

☐The ground [was] [covered] [with] snow.

（地面は雪でおおわれていました。）

💡「～によって」を，by ではなくほかの前置詞で表すものもある。

❷ 受け身の疑問文と答え方

☐[Is] this door [repaired] by that man?

（このドアはあの男性によって修理されていますか。）

— Yes, it [is]. （はい，修理されています。）

— No, it [isn't]. （いいえ，修理されていません。）

💡受け身の疑問文は be 動詞を主語の前に出し，答えるときは be 動詞を使う。

☐[Were] these pictures [taken] by Sam?

（これらの写真はサムによって撮られましたか。）

— Yes, they [were]. （はい，撮られました。）

— No, they [weren't]. （いいえ，撮られませんでした。）

4

❸ 受け身の否定文

☐This wine isn't made from grapes.

（このワインはぶどうから作られていません。）

💡受け身の否定文は，be 動詞のあとに not を置く。「～から作られる」という意味の make of ～は「原料(加工されないもの)」，make from ～は「材料(加工されるもの)」と使い分ける。

☐Those books aren't written by the actor.

（あれらの本はその俳優によって書かれていません。）

☐He wasn't surprised at the news.

（彼はそのニュースに驚きませんでした。）

❹ 助動詞を用いた受け身の文

☐The dinner will be made by my sister.

（夕食は私の姉[妹]によって作られるでしょう。）

💡助動詞を使った受け身の文は，〈助動詞＋ be ＋動詞の過去分詞〉で表す。

☐The mountain can be seen from here.

（その山はここから見ることができます。）

☐The baby must be taken care of by her.

（その赤ちゃんは彼女によって世話されなければなりません。）

☐This car won't be bought by Takuya.

（この車はタクヤに買われないでしょう。）

💡否定文は助動詞のあとに not を置く。

☐Will the book be read by many people?

（その本は多くの人々によって読まれるでしょうか。）

💡疑問文は助動詞を主語の前に出す。

5

2 現在完了形の文

❶ 現在完了形の肯定文

☐ I [have] just [finished] my homework.　　　　　「完了」

（私はちょうど宿題を終えました。）

💡 現在完了形の文は，〈have[has] +動詞の過去分詞〉で表す。
「完了用法」「経験用法」「継続用法」の３つがある。

☐ She [has] [already] [cleaned] her room.　　　　　「完了」

（彼女はすでに自分の部屋を掃除しました。）

💡 肯定文で「すでに」を表すときは[already]，「ちょうど」を
表すときは[just]を使う。ふつう一般動詞の前に置く。

☐ You [have] [been] [to] America twice.　　　　　「経験」

（あなたは２回アメリカに行ったことがあります。）

☐ My sister [has] [visited] Kyoto four times.　　　　「経験」

（私の姉[妹]は４回，京都を訪れたことがあります。）

💡 回数を表すとき，３回以上は～ times とする。

☐ Tom and Mary [have] [been] friends since last year.

（トムとメアリーは昨年から友達です。）　　　　　　「継続」

☐ He [has] [studied] English for three years.　　　　「継続」

（彼は３年間，英語を勉強しています。）

💡 「～の間」と期間を表すときは[for]，「～して以来[から]」と開
始時点を表すときは[since]を使う。

❷ 現在完了形の疑問文と答え方

☐ [Have] you [read] the book yet?　　　　　　　　「完了」

（あなたはもうその本を読みましたか。）

6

— Yes, I have. （はい，読みました。）

— No, I have not. （いいえ，読んでいません。）

💡現在完了形の疑問文は，have[has]を主語の前に出し，答えるときは have[has]を使う。

💡疑問文で「もう」，否定文で「まだ〜（ない）」を表すときは yet を使う。ふつう文末に置く。

☐ Has your mother ever worked at this company?
（あなたのお母さんは今までにこの会社で働いたことがありますか。）

— Yes, she has. （はい，あります。）　　　　「経験」

— No, she hasn't. （いいえ，ありません。）

💡have not の短縮形は haven't，has not の短縮形は hasn't となる。

💡疑問文で「今までに」を表すときは，ever を使う。ふつう一般動詞の前に置く。

☐How long have you lived in Japan?　　　「継続」
（あなたはどのくらい日本に住んでいますか。）

— I've lived in Japan for twenty years.
（私は日本に 20 年間住んでいます。）

💡I have の短縮形は I've となる。

❸　現在完了形の否定文

☐We have not made dinner yet.　　　　「完了」
（私たちはまだ夕食を作っていません。）

💡現在完了形の否定文は，have[has]のあとに not を置く。

☐My brother has never eaten natto.　　　「経験」
（私の兄[弟]は一度も納豆を食べたことがありません。）

💡never は「一度も〜ない」「決して〜ない」という意味。

3 現在完了進行形の文

❶ 現在完了進行形の肯定文

☐I have been swimming since this morning.

（私は今朝からずっと泳いでいます。）

💡現在完了進行形の文は，「～し続けている」という意味で，
〈have [has] been ＋動詞の ing 形〉で表す。過去のある時点
から始めた動作が，今も続いていることを表すときに使う。

☐He has been playing tennis for three hours.

（彼は 3 時間ずっとテニスをしています。）

☐She has been looking for her bag for ten minutes.

（彼女は 10 分間ずっとバッグを探しています。）

☐We have been working for a long time.

（私たちは長い間ずっと働いています。）

💡we have の短縮形は we've となる。

☐It has been snowing since yesterday.

（昨日からずっと雪が降っています。）

💡現在完了進行形では，基本的に動作を表す動詞（cook や play
など）を使う。状態を表す動詞 know や want などは現在完
了進行形にはしない。

☐You have been studying English for ten years.

（あなたは 10 年間，ずっと英語を勉強しています。）

☐I've been playing soccer since 2010.

（私は 2010 年からずっとサッカーをしています。）

💡現在完了進行形では，長い間続けているという意味も表せる。

8

☐ We've been thinking about our sports day since yesterday.

（私たちは昨日からずっと運動会について考えています。）

❷ 現在完了進行形の疑問文と答え方

☐ Have you been watching TV all day?

（あなたは一日中ずっとテレビを見ていますか。）

— Yes, I have. （はい，見ています。）

— No, I have not. （いいえ，見ていません。）

💡 現在完了進行形の疑問文は，have[has]を主語の前に出し，答えるときは have[has]を使う。

☐ Has she been reading the newspaper for an hour?

（彼女は1時間ずっとその新聞を読んでいますか。）

— Yes, she has. （はい，読んでいます。）

— No, she hasn't. （いいえ，読んでいません。）

☐ What have they been doing for ten minutes?

（彼らは10分間ずっと何をしているのですか。）

— They have been waiting for their teacher.

（彼らはずっと先生を待っています。）

☐ How long have we been walking?

（私たちはどれくらいの間歩いていますか。）

— We have been walking for about an hour.

（私たちは約1時間，ずっと歩いています。）

☐ How long has it been raining?

（どれくらいの間雨が降っていますか。）

— Since this morning. （今朝からずっとです。）

9

4 不定詞を用いた文①

❶ want など＋（人）＋ to ＋動詞の原形

☐ I want you to come with me.

(私はあなたに私と一緒に来てほしいです。)

💡 〈want ＋目的語（人）＋ to ＋動詞の原形〉で「～に…してほしい」という意味。ask, tell なども同じ形で使う。

☐ Do you want me to carry this box?

(あなたは私にこの箱を運んでほしいですか。)

☐ You asked me to help with your homework.

(あなたは私に宿題を手伝うように頼みました。)

☐ He told his children to come home early.

(彼は子どもたちに早く家に帰るように言いました。)

☐ The teacher will tell everyone to study hard.

(その先生はみんなに一生懸命勉強するように言うでしょう。)

❷ help など＋（人）＋動詞の原形（原形不定詞）

☐ I helped my mother wash the dishes.

(私は母が皿を洗うのを手伝いました。)

💡 〈help ＋目的語（人）＋（to ＋）動詞の原形〉で「～が…するのを手伝う」という意味。

☐ Can you help me clean the music room?

(私が音楽室を掃除するのを手伝ってくれますか。)

☐ My parents will let me study abroad.

(私の両親は私を留学させるつもりです。)

10

💡 〈let ＋目的語（人）＋動詞の原形〉で「～に…させる」という
意味。to がつかない動詞の原形を「原形不定詞」という。

☐ Let me show you around my town.

（私に私の町を案内させてください。）

❸ 疑問詞＋ to ＋動詞の原形

☐ I don't know what to do next.

（私は次に何をするべきかわかりません。）

💡 what to ～で「何を～すべきか」という意味。

☐ Do you know when to leave home?

（あなたはいつ家を出発するべきか知っていますか。）

☐ Does our teacher know where to watch the stars?

（私たちの先生はどこで星を見るべきか知っていますか。）

☐ Bob told me where to get the tickets.

（ボブはチケットをどこで手に入れるべきか私に教えてくれました。）

☐ Please tell me how to make a cake.

（ケーキの作り方を私に教えてください。）

☐ Can you show me how to get to the station?

（私に駅への行き方を教えてくれませんか。）

☐ I don't know what to bring to the party.

（私はそのパーティーに何を持って行くべきかわかりません。）

おもな〈疑問詞＋ to ＋動詞の原形〉の形	
how to ～	「どのように～すべきか」「～のしかた」
what to ～	「何を［が］～すべきか」
when to ～	「いつ～すべきか」
where to ～	「どこへ［で］～すべきか」

5 不定詞を用いた文②

❶ It is ... (for +人など) + to +動詞の原形

☐ It is difficult for me to speak Chinese.

（私にとって中国語を話すことは難しいです。）

☐ It's easy for him to ride a horse.

（彼にとってウマに乗ることは簡単です。）

💡 〈It is ... (for +人など) + to +動詞の原形〉で「(人などに
とって)～することは…」という意味。

☐ It is interesting to read books.

（本を読むことはおもしろいです。）

💡 〈for +人など〉を使わずに表すこともできる。

☐ Is it fun for you to play basketball?

（あなたにとってバスケットボールをすることは楽しいですか。）

— Yes, it is. （はい，楽しいです。）

— No, it isn't. （いいえ，楽しくありません。）

💡 疑問文は is を主語の前に出す。

☐ It is not hard for Sara to study math.

（サラにとって数学を勉強することは大変ではありません。）

💡 否定文は is のあとに not を置く。

☐ It's possible for you to jump high.

（あなたにとって高くとぶことは可能です。）

☐ It's impossible for me to draw pictures well.

（私にとって上手に絵を描くことは不可能です。）

💡 「可能な」は possible，「不可能な」は impossible と表す。
impossible は，not がなくても否定の意味を表すことができる。

❷ too ... to 〜の文

☐This desk is |too| heavy |for| me |to| carry.

（この机は私にとって重すぎて運ぶことができません。）

💡〈too ... to 〜〉で「〜するには…すぎる」,「あまりにも…すぎて〜できない」という意味を表す。

💡「人などにとって」という意味を加えるときは,〈to ＋動詞の原形〉の前に〈for ＋人など〉を置く。

☐This tea is |too| hot |for| her |to| |drink|.

（このお茶は彼女にとって熱すぎて飲むことができません。）

☐Bob speaks |too| fast |for| us |to| understand.

（ボブは話すのが速すぎて私たちは理解することができません。）

☐She is |too| tired |to| do the housework.

（彼女は家事をするには疲れすぎています。）

☐She is |so| tired |that| she can't do the housework.

（彼女はとても疲れているので,家事をすることができません。）

💡〈too ... to 〜〉は〈so ... that 〜 cannot[can't]〉「とても…なので〜できない」に書きかえることができる。

☐I'm |too| young |to| live alone.

（私は一人で住むには若すぎます。）

☐I'm |so| young |that| I can't live alone.

（私は若すぎるので,一人で住むことができません。）

☐Are you |too| |busy| |to| write your report?

（あなたはレポートを書くには忙しすぎますか。）

☐Are you |so| |busy| |that| you can't write your report?

（あなたは忙しすぎて,レポートを書くことができませんか。）

6 いろいろな疑問文

① 間接疑問文

☐Do you know who that boy is?

（あなたはあの男の子がだれか知っていますか。）

☐I don't know what time it is.

（私は何時かわかりません。）

💡〈疑問詞＋主語＋動詞〉の形が文の一部に組み込まれたものを間接疑問文という。疑問詞のあとは〈主語＋動詞〉の語順になることに注意する。

☐Please tell me when your father will come home.

（あなたのお父さんがいつ帰ってくるか教えてください。）

☐I want to know where the event is held.

（私はそのイベントがどこで開催されるのか知りたいです。）

☐Do you know who came to the festival today?

（今日だれがその祭りに来たかあなたは知っていますか。）

💡Who came to the festival today? のように，疑問詞が主語になっている文が間接疑問になるときは，語順は変わらない。

☐He knows how old Mr. Hashimoto is.

（彼はハシモトさんが何歳か知っています。）

☐I don't know why he is late.

（私はなぜ彼が遅れているか知りません。）

☐Please tell us what you want to eat.

（あなたが何を食べたいか私たちに言ってください。）

14

❷ 付加疑問文

☐You are free, aren't you?

　（あなたは今，暇ですよね。）

💡「～ですよね」と同意を求めたり，相手に確認したりするとき
　に使う。肯定文のあとには否定の付加疑問を，否定文のあとに
　は肯定の付加疑問を続ける。

☐They met their new teacher, didn't they?

　（彼らは新しい先生に会いましたよね。）

💡be 動詞に対しては be 動詞，一般動詞に対しては do [did] を
　使う。

☐He can play the guitar, can't he?

　（彼はギターを演奏できますよね。）

☐You brush your teeth every morning, don't you?

　（あなたは毎朝，歯をみがきますよね。）

☐The students have eaten lunch, haven't they?

　（その生徒たちは昼食を食べましたよね。）

☐Miyuki doesn't go shopping, does she?

　（ミユキは買い物に行きませんよね。）

☐Mr. Brown isn't busy now, is he?

　（ブラウン先生は今，忙しくないですよね。）

💡付加疑問文で使う主語は代名詞にする。

☐Let's sing, shall we? （歌いませんか。）

💡Let's ～. に対しては shall we をつける。

☐Open the window, will you? （窓を開けてくれますか。）

💡命令文に対しては will you か won't you をつける。

15

7 分詞の形容詞的用法

❶ 現在分詞の形容詞的用法

☐That singing girl is Emily.

（あの歌っている女の子はエミリーです。）

💡現在分詞は「〜している」という意味で名詞を修飾し，その名詞を説明する。修飾する語が１語のときは，名詞の前に分詞を置く。

☐I know the sitting man.

（私はその座っている男性を知っています。）

☐Who is that standing person?

（あの立っている人はだれですか。）

☐Look at those people dancing over there.

（あそこで踊っているあの人たちを見なさい。）

💡修飾する語が２語以上のときは，名詞のあとに分詞を置く。

☐The woman wearing a white sweater is my sister.

（白いセーターを着ているその女性は私の姉[妹]です。）

☐He has a friend living in California.

（彼にはカリフォルニアに住んでいる友達がいます。）

☐Please introduce that student reading books there
to me. （そこで本を読んでいるあの生徒を私に紹介してください。）

☐The train going to Tokyo Station has just left.

（東京駅へ行く電車はちょうど出発しました。）

☐I saw two girls talking with Ms. Oka.

（私はオカ先生と話している２人の女の子を見ました。）

❷ 過去分詞の形容詞的用法

☐I repaired the [broken] window.

（私は割れた窓を修理しました。）

💡過去分詞は「～された」「～されている」という意味で名詞を修飾し，その名詞を説明する。修飾する語が1語のときは，名詞の前に分詞を置く。

☐My brother eats a [boiled] [egg] in the morning.

（私の兄[弟]は朝，ゆで卵を食べます。）

☐Yukie found the [stolen] [bag] yesterday.

（ユキエは昨日，盗まれたバッグを見つけました。）

☐The language [spoken] in America is English.

（アメリカで話されている言語は英語です。）

💡修飾する語が2語以上のときは，名詞のあとに分詞を置く。

☐That [man] [called] Tom is my cousin.

（トムと呼ばれるあの男性は私のいとこです。）

☐The picture [painted] [by] him is beautiful.

（彼によって描かれたその絵は美しいです。）

☐There is a magazine [written] [in] English.

（英語で書かれた雑誌があります。）

☐Maria is a singer [known] [to] everyone.

（マリアはみんなに知られている歌手です。）

💡be known to ～で「～に知られている」という意味。

☐Let's go to the [museum] [built] by Mr. Smith.

（スミスさんによって建てられた博物館に行きましょう。）

☐Do you buy the shoes [made] [in] Italy?

（あなたはイタリアで作られたくつを買いますか。）

17

8 関係代名詞①

❶ 関係代名詞 who の文（主格）

☐I have a daughter who lives in Germany.
（私にはドイツに住んでいる娘がいます。）

☐That boy who is playing table tennis is my classmate.
（卓球をしているあの男の子は私のクラスメイトです。）

💡修飾する名詞（先行詞）が人のときは，who を使う。この who は関係代名詞と呼ばれ，who 以下が先行詞を説明している。関係代名詞が主語のはたらきをしているので，主格の関係代名詞という。

☐The young people who were singing are our students.（歌っていた若者たちは私たちの生徒です。）

☐Emily wants to be a teacher who is loved by everyone.
（エミリーはみんなに愛される先生になりたいです。）

☐This is a man who will be a member of my team.
（こちらは私のチームの一員になる男性です。）

☐Do you know a student who can speak English well?
（あなたは英語を上手に話せる生徒を知っていますか。）

❷ 関係代名詞 which の文（主格）

☐I want a cat which has blue eyes.
（私は青い目のネコがほしいです。）

💡先行詞が人以外のときは，which を使う。

☐This is a town which is famous for the beautiful sea.（これが美しい海で有名な町です。）

☐I live in the house [which] [was] built by my grandfather.

（私は祖父によって建てられた家に住んでいます。）

☐Did you watch the movie [which] [was] popular in Canada? （あなたはカナダで人気のある映画を見ましたか。）

❸ 関係代名詞 that の文（主格）

☐I have a brother [that[who]] won the prize.

（私には賞をとった兄［弟］がいます。）

💡that は先行詞が人でも人以外でも使うことができる。

☐This is my favorite actor [that[who]] performed the character.

（こちらはそのキャラクターを演じた私のお気に入りの俳優です。）

☐English is a language [that[which]] [is] spoken all over the world. （英語は世界中で話されている言語です。）

☐We are looking for the library [that[which]] [has] a lot of books.

（私たちはたくさんの本がある図書館を探しています。）

☐Does your mother have a car [that[which]] [was] made in America?

（あなたのお母さんはアメリカで作られた車を持っていますか。）

☐I saw my friend and his dog [that] [were] walking along the river.

（私は川に沿って歩いている友達と彼のイヌを見ました。）

💡先行詞が〈人＋人以外〉のときは，that を使う。

関係代名詞（主格）			
人	[who], [that]	人以外	[which], [that]

9 関係代名詞②

❶ 関係代名詞 which の文（目的格）

☐This is a CD which I bought yesterday.

（これは私が昨日買った CD です。）

💡先行詞が人以外なので，which を使う。which 以下に続く文の動詞の目的語としてはたらくので，目的格の関係代名詞という。

☐That is the car which my father wanted.

（あれは私の父がほしがっていた車です。）

☐I visited the city which a lot of people live in.

（私はたくさんの人が住んでいる都市を訪れました。）

💡live in のように，前置詞がそのまま残る形に注意する。

☐He went to the party which his classmate held.

（彼はクラスメイトが開催したパーティーに行きました。）

☐The picture which she took in Thailand is beautiful.

（彼女がタイで撮ったその写真は美しいです。）

☐This book which I borrowed yesterday was interesting.

（私が昨日借りたこの本はおもしろかったです。）

☐I like this bag she made.

（私は彼女が作ったこのかばんが好きです。）

💡目的格の関係代名詞（which や that）は省略することができる。

☐Kate gives him a present I found.

（ケイトは私が見つけたプレゼントを彼にあげます。）

20

❷ 関係代名詞 that の文（目的格）

☐Kana is an actor [that] everyone loves.

（カナはみんなが愛する俳優です。）

💡that は先行詞が人でも人以外でも使うことができる。

☐The man [that] you saw yesterday is my uncle.

（あなたが昨日会ったその男性は私のおじです。）

☐I know the girl [that] you were talking with.

（私はあなたが一緒に話していた女の子を知っています。）

☐That student [that] I taught English became a teacher.

（私が英語を教えたあの生徒は先生になりました。）

☐The subject [that[which]] I am interested in is science.

（私が興味を持っている教科は理科です。）

☐This is a museum [that[which]] I visited last month.

（これは私が先月訪れた博物館です。）

☐Kyoto is one of the most beautiful cities [that] a lot

of foreign people visit.

（京都は多くの外国人が訪れる最も美しい都市の一つです。）

💡先行詞に最上級や序数，all，the only，every などがつく
と，関係代名詞は that を使うことが多い。

☐This is my favorite place [that[which]] nobody knows.

（ここはだれも知らない私のお気に入りの場所です。）

☐Do you have a computer [he] can use?

（あなたは彼が使えるコンピュータを持っていますか。）

☐That is all [I] wanted to say.

（それが，私が言いたかったことのすべてです。）

英語

10 仮定法

❶ if を使った仮定法

☐ If I knew her address, I could send her a letter.
（もし私が彼女の住所を知っていれば，私は彼女に手紙を送れるのに。）

💡 仮定法は，〈If ＋主語＋過去形 〜，主語＋ could[would] ＋動詞の原形 ….〉で「もし〜であれば…だろうに。」という意味になる。現実では起こりえないことや，実現する可能性が極めて低いことを表す。

☐ If I were you, I would not say such a thing.
（もし私があなたなら，私はそのようなことを言わないのに。）

☐ If Sara were here, she would give me advice.
（もしサラがここにいれば，彼女は私にアドバイスをくれるだろうに。）

☐ If it were sunny, I would climb the mountain.
（もし晴れていれば，私は山に登るのに。）

☐ If I were an astronaut, I could go to space.
（もし私が宇宙飛行士なら，宇宙に行けるのに。）

💡 仮定法では，主語に関係なく be 動詞は were が使われる。

☐ If I had a lot of money, I could live in a big house. （もし私がたくさんのお金を持っていれば，私は大きな家に住めるのに。）

☐ If I had enough time, I would cook curry.
（もし私に十分な時間があれば，私はカレーを料理するのに。）

☐ If I could drive a car, I would go to the sea.
（もし私が車を運転できるなら，海に行くのに。）

22

□ If I were you, I could make her cookies.
（もし私があなたなら，私は彼女にクッキーを作れるのに。）

□ What would you do if you had a smartphone?
（もしスマートフォンを持っていれば，あなたは何をしますか。）

— I would talk with my friends.
（私は友達と話すだろうに。）

💡 具体的なものや内容をたずねるときは，〈What would［could］
＋主語＋動詞の原形 〜＋ if ＋主語＋動詞の過去形 〜?〉となる。

❷ wish を使った仮定法

□ I wish I were rich.（私がお金持ちならいいのに。）

💡 wish を使って「〜なら［であれば］いいのに」というような実
現が難しい願望を表すことができる。

□ I wish I had my own house.
（私が自分自身の家を持っていればいいのに。）

□ I wish I lived in Okinawa.
（私が沖縄に住んでいればいいのに。）

□ I wish I could speak English well.
（私が上手に英語を話すことができればいいのに。）

□ I wish you would know about it.
（あなたがそれについて知っているといいのに。）

□ I wish a dog were at home.
（家にイヌがいればいいのに。）

□ I wish we could travel to the future.
（私たちが未来に旅行することができればいいのに。）

💡 wish のあとに続く文の助動詞や動詞は過去形にする。

1・2年のまとめ

❶ be動詞（現在形，過去形）

☐ I [am] [from] Tokyo.（私は東京出身です。）

☐ I [am] [not] [hungry] now.

（私は今，空腹ではありません。）

☐ You [are] [good] [at] playing the piano.

（あなたはピアノを演奏するのが得意です。）

☐ My mother [is] [an] English teacher.

（私の母は英語の教師です。）

☐ [Is] he [interested] [in] Japanese culture?

（彼は日本の文化に興味がありますか。）

☐ Sae and I [are] good friends.（サエと私は親友です。）

☐ Many children [are] in the park.

（公園にたくさんの子どもたちがいます。）

☐ We [are] high school [students].（私たちは高校生です。）

☐ There [are] [a] [lot] [of] flowers over there.

（あそこにたくさんの花があります。）

☐ I [was] [in] the brass band.（私は吹奏楽部に入っていました。）

☐ [Was] she [kind] to everyone?

（彼女はみんなに優しかったですか。）

☐ This town [was] [famous] [for] traditional buildings.

（この町は伝統的な建物で有名でした。）

☐ They [weren't] [tired] yesterday.

（昨日，彼らは疲れていませんでした。）

❷ 一般動詞（現在形，過去形）

□I clean my room every day.

（私は毎日自分の部屋を掃除します。）

□Do they live in Japan?

（彼らは日本に住んでいますか。）

□They usually don't listen to music.

（彼らはたいてい音楽を聞きません。）

□You look happy. （あなたは幸せそうに見えます。）

□Lisa wants to join the volleyball club.

（リサはバレーボール部に入りたいです。）

□She doesn't eat lunch with us.

（彼女は私たちと昼食を食べません。）

□Does the plane arrive at the airport on time?

（飛行機は時間どおりに空港に到着しますか。）

□I made dinner last night.

（私は昨晩夕食を作りました。）

□He took some pictures in the zoo.

（彼は動物園で数枚の写真を撮りました。）

□Did you have a good time at the party?

（あなたたちはパーティーで楽しい時間を過ごしましたか。）

□She didn't show me the video.

（彼女は私にそのビデオを見せませんでした。）

□This movie made her sad.

（この映画は彼女を悲しくさせました。）

□Don't turn off the light. （電気を消さないでください。）

□Let's dance together. （一緒に踊りましょう。）

英語

25

❸ 現在進行形，過去進行形

☐ I'm playing the piano now.
（私は今，ピアノをひいています。）

☐ She is waiting for her friend.
（彼女は友達を待っています。）

☐ We're running around the school.
（私たちは学校の周りを走っています。）

☐ It is getting cold. （寒くなってきています。）

☐ I am looking forward to seeing you.
（私はあなたに会えるのを楽しみに待っています。）

☐ Is he watching TV now?
（彼は今，テレビを見ていますか。）

☐ What are you looking for?
（あなたは何を探していますか。）

☐ Lily isn't reading a book. （リリーは本を読んでいません。）

☐ My cats aren't sleeping now.
（私のネコは今，眠っていません。）

☐ He was doing his homework in the library.
（彼は図書館で宿題をしていました。）

☐ They were talking with their teacher.
（彼らは先生と話していました。）

☐ Was your friend drawing a picture?
（あなたの友達は絵を描いていましたか。）

☐ The students weren't writing letters then.
（生徒たちはそのとき，手紙を書いていませんでした。）

❹ 未来を表す文

☐I will help my mother today.

（私は今日，母を手伝うでしょう。）

☐He will come here tomorrow.

（彼は明日ここに来るでしょう。）

☐Our dreams will come true in the future.

（私たちの夢は将来実現するでしょう。）

☐Will you join the soccer team?

（あなたはサッカー部に入るつもりですか。）

☐He won't tell us about the news.

（彼はそのニュースについて私たちに話すつもりはありません。）

☐We will never give up.

（私たちは決してあきらめないでしょう。）

☐I am going to stay with my aunt.

（私はおばの家に滞在する予定です。）

☐The train is going to arrive at the station soon.

（その電車はもうすぐ駅に到着する予定です。）

☐They're going to get up early tomorrow morning.

（彼らは明日の朝早く起きるつもりです。）

☐Are you going to meet him this weekend?

（あなたは今週末に彼に会う予定ですか。）

☐I'm not going to visit his house.

（私は彼の家を訪れる予定ではありません。）

☐They are not going to play after school.

（彼らは放課後，遊ぶ予定ではありません。）

❺ 助動詞

☐I [can] [sing] an English song.

（私は英語の歌を歌うことができます。）

☐I [am] [able] [to] [watch] many birds here.

（私はここでたくさんの鳥を見ることができます。）

☐I [could] [not] use the restroom yesterday.

（私は昨日，そのトイレを使うことができませんでした。）

☐You [must] [wash] the dishes.

（あなたはお皿を洗わなければなりません。）

☐[Can] [I] open the window?（窓を開けてもいいですか。）

☐[Can] [you] help me?（私を手伝ってくれますか。）

☐Children [have] [to] get back before it gets dark.

（子どもたちは暗くなる前に戻ってこなければなりません。）

☐Misa [doesn't] [have] [to] prepare for a school trip now.

（ミサは今，修学旅行の準備をする必要はありません。）

☐They [mustn't] [swim] in this river.

（彼らはこの川で泳いではいけません。）

☐My sister [should] [go] to bed earlier.

（私の姉[妹]はもっと早く寝るべきです。）

☐You [shouldn't] [eat] too much.

（あなたは食べ過ぎるべきではありません。）

☐[May] [I] have a cup of tea?

（紅茶を一杯いただいてもいいですか。）

☐[Shall] [we] go shopping?（買い物に行きましょうか。）

☐[Would] [you] like [something] [cold] to drink?

（何か冷たい飲み物はいかがですか。）

❻ 不定詞，動名詞

☐Do you |like| |to| swim in the sea?
（あなたは海で泳ぐのが好きですか。）

☐I want something |to| |eat|.
（私は何か食べ物がほしいです。）

☐They came here |to| |practice| soccer.
（彼らはサッカーを練習するためにここに来ました。）

☐|To| |study| English is fun for me.
（英語を勉強することは私にとって楽しいです。）

☐My dream is |to| |be| a doctor.
（私の夢は医者になることです。）

☐Why do you |want| |to| |be| a doctor?
（あなたはなぜ医者になりたいのですか。）

　― |To| help sick people.（病気の人々を助けるためです。）

☐I have some homework |to| |do| today.
（私は今日，するべきいくつかの宿題があります。）

☐I'm |glad| |to| |meet| my friends.
（私は友達に会えてうれしいです。）

☐They finished |reading| books before dinner.
（彼らは夕食の前に本を読み終えました。）

☐Do you enjoy |playing| video games?
（あなたはテレビゲームをすることを楽しみますか。）

☐|Learning| Japanese history is important for me.
（日本の歴史を学ぶことは私にとって重要です。）

☐It stopped |raining|.（雨が止みました。）

☐My hobby is |reading| books.（私の趣味は本を読むことです。）

❼ 接続詞

☐ I will go fishing [if] it [is] sunny tomorrow.

(もし明日晴れなら，私は釣りに行くつもりです。)

☐ [If] you have any questions, please ask me.

(もし質問があれば，私にたずねてください。)

☐ I listen to music [when] I am free.

(私は暇なとき，音楽を聞きます。)

☐ [When] he [was] a student, he went to school on foot.

(彼は学生のとき，徒歩で学校に通っていました。)

☐ [When] my mother [called] me, I was looking for my glasses. (私の母が私を呼んだとき，私はメガネを探していました。)

☐ I think [that] this idea is interesting.

(私はこの考えはおもしろいと思います。)

☐ Our teacher said [that] we had to study more.

(私たちの先生は，私たちがもっと勉強しなければならないと言いました。)

☐ I didn't go to school [because] I had a cold yesterday.

(私は昨日風邪を引いたので，学校に行きませんでした。)

☐ [Because] she got up early this morning, she is sleepy now. (彼女は今朝早く起きたので，今眠いです。)

☐ I'm sure [that] you can pass the test.

(私はあなたがテストに合格することができると確信しています。)

☐ Why did you come to Japan?

(あなたはなぜ日本に来たのですか。)

— [Because] I want to learn Japanese culture.

(なぜなら私は日本の文化を学びたいからです。)

❽ 比較

☐This store is [newer] [than] that store.
（この店はあの店より新しいです。）

☐Andy runs [faster] [than] Tom.
（アンディーはトムより速く走ります。）

☐This is [the] [longest] of all the snakes.
（これはすべてのヘビの中でいちばん長いです。）

☐This camera is [more] [expensive] [than] that one.
（このカメラはあのカメラより高価です。）

☐The art museum is [the] [most] [famous] [in] this town.
（その美術館はこの町で最も有名です。）

☐This dictionary is [the] [most] [useful] [of] the three.
（この辞書は3冊の中でいちばん役に立ちます。）

☐My house is [as] [big] [as] yours.
（私の家はあなたの家と同じくらい大きいです。）

☐She is [not] [as] [old] [as] my sister.
（彼女は私の姉[妹]ほど年をとっていません。）

☐Please come here [as] [soon] [as] [possible].
（できるだけ早くここに来てください。）

☐[Which] do you like [better], dogs or cats?
（あなたはイヌとネコのどちらが好きですか。）

　— I like dogs [better] [than] cats.
（私はネコよりもイヌが好きです。）

☐I like English [the] [best] [of] all the subjects.
（私はすべての教科の中で英語がいちばん好きです。）

31

❾ 受け身の文

☐Mr. Suzuki [is] [loved] [by] his students.
（スズキ先生は生徒たちに愛されています。）

☐This beautiful picture [was] [taken] [by] Tom.
（この美しい写真はトムによって撮られました。）

☐These desks [are] [made] [of] wood.
（これらの机は木で作られています。）

☐The festival [is] [known] [to] everyone.
（その祭りはみんなに知られています。）

☐[Is] the room [used] now?
（その部屋は今，使われていますか。）

☐The tower [was] [not] [built] in my town.
（その塔は私の町に建てられませんでした。）

☐These cups [aren't] [sold] at that store.
（これらのカップはあの店で売られていません。）

☐That mountain [is] [covered] [with] a lot of snow.
（あの山は多くの雪におおわれています。）

☐The vase [was] [broken] [by] him.
（その花瓶は彼によって壊されました。）

☐Those books [were] [written] [in] Chinese.
（それらの本は中国語で書かれていました。）

☐Your key [will] [be] [found] in this house.
（あなたのかぎはこの家で見つかるでしょう。）

☐The beautiful sea [can] [be] [seen] from here.
（美しい海がここから見られます。）

数 学

スマホで一問一答！

1 式の展開

❶ 単項式と多項式の乗法・除法

$\Box\, 3a(2a+5b) = \boxed{3a} \times 2a + \boxed{3a} \times 5b = \boxed{6a^2} + 15ab$

$\Box\, (12x^3y + 8xy^2) \div 4x = 12x^3y \times \boxed{\dfrac{1}{4x}} + 8xy^2 \times \boxed{\dfrac{1}{4x}}$

$$= \boxed{3x^2y} + 2y^2$$

💡 単項式と多項式の乗除は，<ruby>分配<rt>たんこうしき</rt></ruby>法則を使って計算する。

❷ 式の展開

□ 単項式や多項式の積の形の式を，かっこをはずして単項式の和の
　形に表すことを，式を$\boxed{\text{展開する}}$という。

$\Box\, (a+5)(b-1) = ab - \boxed{a} + \boxed{5b} - 5$

　💡 展開の基本公式　$(a+b)(c+d) = \boxed{ac+ad+bc+bd}$

$\Box\, (x+3)(2x+3y-1) = \boxed{x}(2x+3y-1) + 3(2x+3y-1)$

$$= 2x^2 + \boxed{3xy} - x + \boxed{6x} + 9y - 3$$

$$= 2x^2 + 3xy + \boxed{5x} + 9y - 3$$

　💡 同類項はひとつにまとめる。

❸ $(x+a)(x+b)$ の形の展開

$\Box\, (x+6)(x-2) = x^2 + (\boxed{6} - 2)x + 6 \times (-2)$

$$= x^2 + \boxed{4}x - \boxed{12}$$

$\Box\, (x-4)(x-3) = x^2 + \{-4 + (\boxed{-3})\}x + (\boxed{-4}) \times (-3)$

$$= x^2 - \boxed{7}x + \boxed{12}$$

　💡 乗法公式①　$(x+a)(x+b) = \boxed{x^2 + (a+b)x + ab}$

❹ $(x+a)^2$, $(x-a)^2$ の形の展開

☐ $(x+7)^2 = x^2 \boxed{+} 2 \times \boxed{7}x + \boxed{7}^2 = x^2 + \boxed{14}x + \boxed{49}$

☐ $(x-5)^2 = x^2 \boxed{-} 2 \times \boxed{5}x + \boxed{5}^2 = x^2 - \boxed{10}x + 25$

💡 乗法公式② $(x+a)^2 = \boxed{x^2 + 2ax + a^2}$

乗法公式③ $(x-a)^2 = \boxed{x^2 - 2ax + a^2}$

❺ $(x+a)(x-a)$ の形の展開

☐ $(x+8)(x-8) = x^2 - \boxed{8}^2 = x^2 - \boxed{64}$

💡 乗法公式④ $(x+a)(x-a) = \boxed{x^2 - a^2}$

❻ 公式を利用した展開

☐ $(4x+3)(4x-7)$

　$= (A+3)(A-7)$　　↪ $4x$ を A とおく

　$= A^2 - \boxed{4}A - 21$　↪ $(x+a)(x+b)$の公式を利用して, 展開する

　$= (\boxed{4x})^2 - 4 \times 4x - 21$　↪ A を $4x$ にもどす

　$= \boxed{16x^2 - 16x - 21}$

☐ $(x+1+y)(x+1-y)$

　$= (A+y)(\boxed{A}-y)$　↪ $x+1$ を A とおく

　$= \boxed{A}^2 - \boxed{y}^2$　　↪ $(x+a)(x-a)$の公式を利用して, 展開する

　$= (\boxed{x+1})^2 - y^2$　↪ A を $x+1$ にもどす

　$= \boxed{x^2 + 2x - y^2 + 1}$

💡 式の形に着目して, 乗法公式が利用できるように, 式の中の共通部分を他の1つの文字におきかえる。

☐ $(x-5)^2 - (x+3)(x-3)$

　$= x^2 - \boxed{10}x + 25 - (\boxed{x^2-9}) = -10x + \boxed{34}$

💡 乗法公式を利用して, 乗法になっている部分を展開する。

2 因数分解

① 因数分解

☐ $x^2-6x=\boxed{x}(x-6)$ と表されるから，$\boxed{x}$ と $x-6$ は x^2-6x の $\boxed{因数}$ である。また，多項式をいくつかの因数の積として表すことを，その多項式を $\boxed{因数分解}$ するという。

💡 多項式の各項に共通な因数を $\boxed{共通因数}$ という。

(1)数の部分→各数の $\boxed{最大公約数}$。

(2)文字の部分→ $\boxed{同じ}$ 文字。ただし，累乗の指数が違うときは，$\boxed{指数}$ が小さいもの。

☐ x^2+6x+8 を因数分解しなさい。

2 つの数の和が 6，積が 8 になるのは，$\boxed{2}$ と $\boxed{4}$ である。

$x^2+6x+8=x^2+(\boxed{2}+\boxed{4})x+2\times4=(x+\boxed{2})(x+\boxed{4})$

💡 乗法公式の左辺と右辺を入れかえると，因数分解で用いる公式になる。

💡 因数分解の公式① $x^2+(a+b)x+ab=\boxed{(x+a)(x+b)}$

☐ $x^2+12x+36$ を因数分解しなさい。

$12=2\times\boxed{6}$，$36=\boxed{6}^2$ であるから，

$x^2+12x+36=x^2+2\times\boxed{6}x+\boxed{6}^2=(x+\boxed{6})^2$

💡 因数分解の公式② $x^2+2ax+a^2=\boxed{(x+a)^2}$

☐ $x^2-18x+81$ を因数分解しなさい。

$x^2-18x+81=x^2-2\times\boxed{9}x+\boxed{9}^2=(x-\boxed{9})^2$

☐ x^2-2x+1 を因数分解しなさい。

$x^2-2x+1=x^2-2\times\boxed{1}x+\boxed{1}^2=(x-\boxed{1})^2$

💡 因数分解の公式③ $x^2-2ax+a^2=\boxed{(x-a)^2}$

36

☐ x^2-64 を因数分解しなさい。

$x^2-64=x^2-\boxed{8}^2=(x+\boxed{8})(x-\boxed{8})$

☐ $100-a^2$ を因数分解しなさい。

$100-a^2=\boxed{10}^2-a^2=(10+\boxed{a})(10-\boxed{a})$

💡 因数分解の公式④　$x^2-a^2=\boxed{(x+a)(x-a)}$

❷ 公式を利用した因数分解

☐ $3x^2+6x-24$

　$=\boxed{3}(x^2+2x-8)$

　$=\boxed{3}(x-2)(x+\boxed{4})$

💡 $\boxed{共通因数}$をくくり出したあと，かっこの中をさらに因数分解する。

☐ $4x^2-4x+1$

　$=(\boxed{2x})^2-2\times\boxed{2x}+1$　　↰ $2x$をAとおく

　$=A^2-2\times A+1^2$　　↰ 因数分解する

　$=(A-\boxed{1})^2$　　↰ A を $2x$ にもどす

　$=(\boxed{2x}-1)^2$

☐ $(x+y)^2+3(x+y)+2$

　$=\boxed{A}^2+3\boxed{A}+2$　　↰ $x+y$をAとおく

　$=(A+\boxed{2})(A+\boxed{1})$　　↰ 因数分解する

　$=(\boxed{x+y}+2)(\boxed{x+y}+1)$　　↰ A を $x+y$ にもどす

💡 式の形に着目して，因数分解の公式が利用できるように，式の中の共通部分を他の１つの文字におきかえる。

☐ $(x+3)(x-3)-16$

　$=x^2-\boxed{9}-16$　　↰ 式を整理する

　$=x^2-\boxed{25}$　　↰ 因数分解する

　$=(x+\boxed{5})(x-\boxed{5})$

💡 (　)のある式はかっこをはずし，式を整理してから因数分解する。

3 平方根

① 平方根

□9 の平方根は $\boxed{3}$ と $\boxed{-3}$ である。

💡 ある数 x を 2 乗すると a になるとき，x を a の $\boxed{\text{平方根}}$ という。

💡 正の数には，平方根が $\boxed{2}$ つあって，$\boxed{\text{絶対値}}$ が等しく，$\boxed{\text{符号}}$ が異なる。

💡 0 の平方根は $\boxed{0}$ だけである。

② 平方根の性質

□ $\sqrt{64} = \sqrt{\boxed{8}^2} = \boxed{8}$

💡 a が正の数のとき，
$(\sqrt{a})^2 = \boxed{a}$，$(-\sqrt{a})^2 = \boxed{a}$，$\sqrt{a^2} = \boxed{a}$，$\sqrt{(-a)^2} = \boxed{a}$

③ 平方根の大小

□6 と $\sqrt{30}$ の大小を不等号を使って表すと，$6^2 = \boxed{36}$，$(\sqrt{30})^2 = \boxed{30}$ であるから，$6 \boxed{>} \sqrt{30}$ となる。

💡 a，b が正の数のとき，$a < b$ ならば $\sqrt{a} \boxed{<} \sqrt{b}$ となる。

④ 根号をふくむ式の乗除

□ $\sqrt{2} \times \sqrt{5} = \sqrt{2 \times 5} = \boxed{\sqrt{10}}$，$\sqrt{3} \times \sqrt{7} = \sqrt{3 \times \boxed{7}} = \boxed{\sqrt{21}}$

□ $\dfrac{\sqrt{42}}{\sqrt{7}} = \sqrt{\dfrac{42}{7}} = \boxed{\sqrt{6}}$，$\dfrac{\sqrt{72}}{\sqrt{2}} = \sqrt{\dfrac{72}{\boxed{2}}} = \boxed{\sqrt{36}} = \boxed{6}$

💡 a，b が正の数のとき，

(1) $\sqrt{a} \times \sqrt{b} = \boxed{\sqrt{ab}}$ 　　(2) $\dfrac{\sqrt{a}}{\sqrt{b}} = \boxed{\sqrt{\dfrac{a}{b}}}$

💡 $a \times \sqrt{b}$ は，記号 × をはぶいて $a\sqrt{b}$ とも表す。

❺ 根号のついた数の変形

□$2\sqrt{5}$ を $\sqrt{a}$ の形で表すと，$\sqrt{\boxed{2}^2 \times 5} = \sqrt{\boxed{20}}$

💡 $\sqrt{}$ の外の数を中へ入れるとき，$a\sqrt{b} = \sqrt{\boxed{a^2}\,b}$ のように変形する。

□$\sqrt{45}$ を $a\sqrt{b}$ の形で表すと，$\sqrt{\boxed{3}^2 \times 5} = 3\sqrt{\boxed{5}}$

💡 $\sqrt{}$ の中の数を外へ出すとき，$\sqrt{a^2 b} = \boxed{a}\sqrt{b}$ のように変形する。

❻ 根号をふくむ式の加減

□$2\sqrt{5} + 4\sqrt{5} = (2 + \boxed{4})\sqrt{5} = \boxed{6\sqrt{5}}$

□$4\sqrt{7} - 8\sqrt{7} = (\boxed{4} - \boxed{8})\sqrt{\boxed{7}} = \boxed{-4\sqrt{7}}$

💡 $m\sqrt{a} + n\sqrt{a} = (\boxed{m} + \boxed{n})\sqrt{a}$

$m\sqrt{a} - n\sqrt{a} = (\boxed{m} - \boxed{n})\sqrt{a}$

❼ 分母の有理化

□分母に根号がある数を，分母に根号がない形に変形することを，$\boxed{分母を有理化}$ するという。

□$\dfrac{6}{\sqrt{3}} = \dfrac{6 \times \boxed{\sqrt{3}}}{\sqrt{3} \times \boxed{\sqrt{3}}} = \dfrac{6\sqrt{3}}{3} = \boxed{2\sqrt{3}}$

💡 $\boxed{分母}$ にある根号がついた数を分母，分子にかける。

$\dfrac{a}{\sqrt{b}} = \dfrac{a \times \boxed{\sqrt{b}}}{\sqrt{b} \times \boxed{\sqrt{b}}} = \dfrac{a\sqrt{b}}{\boxed{b}}$

❽ 根号をふくむ式のいろいろな計算

□$\sqrt{50} - \sqrt{18} = \sqrt{\boxed{5}^2 \times 2} - \sqrt{\boxed{3}^2 \times 2} = 5\sqrt{\boxed{2}} - 3\sqrt{\boxed{2}}$

$\qquad = (\boxed{5} - \boxed{3})\sqrt{2} = \boxed{2}\sqrt{2}$

□$\sqrt{5}\,(\sqrt{15} - 2\sqrt{10}) = \boxed{\sqrt{5}} \times \sqrt{15} - \boxed{\sqrt{5}} \times 2\sqrt{10}$

$= \sqrt{5} \times \sqrt{\boxed{5} \times 3} - \sqrt{5} \times 2\sqrt{\boxed{5} \times 2} = \boxed{5}\sqrt{3} - 10\sqrt{\boxed{2}}$

4 近似値と有効数字

❶ 近似値

☐3.14 は円周率の 近似値 である。

💡真の値に近い値を近似値という。

☐四捨五入して得た測定値が 25.7 のとき，真の値 a の範囲は，

　 25.65 ≦a< 25.75 である。

　また，誤差の絶対値は，

　 25.7 −25.65＝ 0.05 以下となる。

←── 真の値の範囲 ──→

25.65　25.7　25.75

💡量を測定して得た値を 測定値 といい，近似値の 1 つである。

　ふつう， 測定値 はめもりの端数の部分を 四捨五入 して得る。

💡近似値と真の値との差を 誤差 という。

　誤差＝近似値− 真の値

❷ 根号のついた数の近似値

☐$\sqrt{3}$＝1.732，$\sqrt{30}$＝5.477 として，次の値を求めなさい。

$\sqrt{300}=\sqrt{\boxed{10}^2 \times 3}=\boxed{10}\sqrt{3}=10\times \boxed{1.732}$

$=\boxed{17.32}$

$\sqrt{3000}=\sqrt{\boxed{10}^2 \times 30}=\boxed{10}\sqrt{30}=10\times \boxed{5.477}$

$=\boxed{54.77}$

$\sqrt{12}=\sqrt{\boxed{2}^2 \times 3}=\boxed{2}\sqrt{3}=2\times \boxed{1.732}$

$=\boxed{3.464}$

$\sqrt{270}=\sqrt{\boxed{3}^2 \times 30}=\boxed{3}\sqrt{30}=3\times \boxed{5.477}$

$=\boxed{16.431}$

💡根号の中の数字に着目して，累乗を見つける。そして，与えられた値が利用できるように，$a\sqrt{b}$ の形に変形する。

40

□$\sqrt{3} = 1.732$ として，次の値を求めなさい。

$\sqrt{0.75}$ ⤵ 分数の形になおす

$= \sqrt{\dfrac{75}{100}}$ ⤵ 約分する

$= \sqrt{\dfrac{3}{4}}$ ⤵ $\sqrt{4} = \sqrt{\boxed{2}^2}$

$= \dfrac{\sqrt{3}}{\boxed{2}}$

$= \boxed{1.732} \div 2$

$= \boxed{0.866}$

💡 根号の中が小数のときは，分数に変形する。

❸ 有効数字

□160m の測定単位が 1m のとき，有効数字（ゆうこうすうじ）は 1，6，0 となり，有効数字は $\boxed{3}$ けたである。

□160m の測定単位が 10m のとき，有効数字は 1，6 となり，有効数字は $\boxed{2}$ けたである。

□測定値が 378000 のとき，有効数字が 4 けたの表し方は，有効数字が $\boxed{3}$，$\boxed{7}$，$\boxed{8}$，$\boxed{0}$ なので，$\boxed{3.780} \times 10^{\boxed{5}}$

💡 測定によって得られた数字のうち，信頼（しんらい）できる数字を $\boxed{\text{有効数字}}$ という。有効数字をはっきりさせるために，整数部分が 1 けたの数と $\boxed{\text{10 の累乗}}$ との積 $a \times 10^n$ $(1 \leqq a < 10)$ の形で表すことが多い。

□測定値が 0.04170 のとき，有効数字が 4 けたの表し方は，有効数字が $\boxed{4}$，$\boxed{1}$，$\boxed{7}$，$\boxed{0}$ なので，

$0.04170 = \boxed{4.170} \div 100 = \boxed{4.170} \times \dfrac{1}{10^{\boxed{2}}}$

💡 1 より小さい数のときは，$a \times \dfrac{1}{10^n}$ $(1 \leqq a < 10)$ の形となる。

5 2次方程式

❶ 2次方程式

□$ax^2+bx+c=0$(ただし，$a\neq0$)の形に変形できる方程式を，xに
ついての$\boxed{2次方程式}$という。

💡2次方程式の解はふつう$\boxed{2}$つあるが，解が1つになるものや
$x^2+3=0$のように解をもたないものもある。

❷ 平方根の考えによる解き方

□$2x^2-32=0$ を解きなさい。

$2x^2=\boxed{32}$　$x^2=16$

x が 16 の$\boxed{平方根}$であることを示しているから，$x=\boxed{\pm4}$

💡$ax^2=b$ の形をした2次方程式は，両辺を a でわり，平方根の
考えを使って求める。

□$3(x+3)^2-48=0$ を解きなさい。

$3(x+3)^2=48$　$(x+3)^2=\boxed{16}$

$x+3$ が 16 の平方根であることを示しているから，

$x+3=\boxed{\pm4}$　$x=-3\pm4$　$x=\boxed{1}$, $x=\boxed{-7}$

💡$(x+\bigcirc)^2=\square$ の形をした2次方程式は，かっこの中をひとま
とまりのものとみて，$\boxed{平方根}$の考えを使って求める。

❸ 因数分解による解き方

□$x^2+6x+5=0$ を解きなさい。

$$x^2+6x+5=0$$

$(x+1)(\boxed{x+5})=0$　←因数分解する

$x+1=0$ または $\boxed{x+5}=0$

したがって，解は $x=\boxed{-1}$, $x=\boxed{-5}$ となる。

💡 (x の 2 次式）$=\boxed{0}$ の形に整理し，左辺を因数分解して，

「AB=0 ならば $\boxed{A}$=0 または $\boxed{B}$=0」を利用して解く。

---

❹ 解の公式による解き方

☐2 次方程式 $ax^2+bx+c=0$ の解は，$x=\boxed{\dfrac{-b\pm\sqrt{b^2-4ac}}{2a}}$ である。

この式を $\boxed{解の公式}$ という。

☐$3x^2+4x-2=0$ を解きなさい。

解の公式に，$a=3$，$b=\boxed{4}$，$c=\boxed{-2}$ を代入すると

$$x=\frac{-b\boxed{\pm}\sqrt{b^2\boxed{-}4ac}}{2a}$$

$$=\frac{-\boxed{4}\pm\sqrt{\boxed{4}^2-4\times3\times(\boxed{-2})}}{2\times3}$$

$$=\frac{-4\pm\sqrt{\boxed{16}+\boxed{24}}}{6}$$

$$=\frac{-4\pm\sqrt{40}}{6}$$

↰ $\sqrt{40}=\sqrt{\boxed{2}^2\times10}$

$$=\frac{-4\pm\boxed{2}\sqrt{\boxed{10}}}{6}$$

↰ 約分する

$$=\frac{-2\pm\sqrt{\boxed{10}}}{\boxed{3}}$$

💡 左辺が因数分解できない方程式は，$\boxed{解の公式}$ を利用する。

💡 2 次方程式は，次のような手順で解くとよい。

①$\boxed{共通因数}$ をくくり出す。

②$\boxed{因数分解}$ の公式を使えるか考える。

③因数分解できなければ，$\boxed{解の公式}$ や平方根の考え方を使う。

❶ 関数

☐ y が x の関数で，$y=ax^2$（ただし，$a \neq 0$）と表されるとき，y は ┃x の 2 乗┃に比例するという。

☐ y は x の 2 乗に比例し，$x=3$ のとき $y=36$ である。このとき，y を x の式で表しなさい。

比例定数を a とすると $y=┃ax^2┃$ と表すことができる。

$x=3$ のとき $y=36$ であるから，

$$┃36┃=a \times ┃3┃^2$$

$$36=┃9┃a$$

$$a=┃4┃ \qquad \text{よって，} y=┃4x^2┃$$

💡 $y=ax^2$ の a は定数であり，┃比例定数┃という。

❷ $y=ax^2$ のグラフの形

☐ $y=x^2$ について，下の表を完成させなさい。

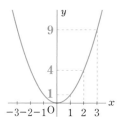

x	-3	-2	-1	0	1	2	3
y	9	4	┃1┃	0	1	┃4┃	9

💡 x，y の組を座標とする点をとり，

なめらかな線で結んで，

$y=x^2$ をグラフにすると，

右の図のようになる。

💡 $y=ax^2$ のグラフは，原点を┃頂点┃とし，┃y┃軸について対称な ┃放物線┃である。

□右の図の①〜③は，下の⑦〜⑨で表される関数

のグラフを示したものである。

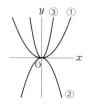

⑦ $y=3x^2$，　④ $y=-x^2$，　⑨ $y=\dfrac{1}{2}x^2$

このとき，①…⑨，②…④，③…⑦

💡 $a>0$ のとき

上に開いた 形

$a<0$ のとき

下に開いた 形

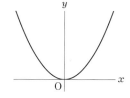

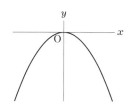

💡 a の値の絶対値が大きいほど，

グラフの開き方は 小さい 。

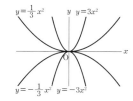

❸ $y=ax^2$ の値の変化

□$a>0$ のとき

$x<0$ のとき

x が増加→ y は 減少

$x>0$ のとき

x が増加→ y は 増加

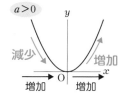

□$a<0$ のとき

$x<0$ のとき

x が増加→ y は 増加

$x>0$ のとき

x が増加→ y は 減少

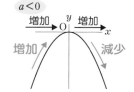

45

7 関数 $y = ax^2$ ②

❶ 最大値・最小値

☐ 関数 $y = 5x^2$ について，x がどんな値をとっても，$y \boxed{\geqq} 0$ であり，$x = \boxed{0}$ のとき y は $\boxed{最小値\ 0}$ をとる。

☐ 関数 $y = -5x^2$ について，x がどんな値をとっても，$y \boxed{\leqq} 0$ であり，$x = \boxed{0}$ のとき y は $\boxed{最大値\ 0}$ をとる。

💡 関数 $y = ax^2$ では，$x = \boxed{0}$ を境として，y の値の増減が変化する。

💡 関数のとる値のうち，もっとも大きいものを $\boxed{最大値}$ といい，もっとも小さいものを $\boxed{最小値}$ という。

❷ 変域

☐ $y = 2x^2$ について，x の変域が $-1 \leqq x \leqq 2$ のときの y の変域を求めなさい。

　$-1 \leqq x \leqq 2$ のときの y の変域を，グラフを利用して考える。

　右のグラフで $-1 \leqq x \leqq 2$ に対応する部分において，

　y が最小値をとるときは，$x = \boxed{0}$ のときである。

　y が最大値をとるときは，$x = \boxed{2}$ のときである。

　$x = 0$ のとき，最小値は $2 \times \boxed{0}^2 = \boxed{0}$ をとる。

　$x = 2$ のとき，最大値は $2 \times \boxed{2}^2 = \boxed{8}$ をとる。

　したがって，y の変域は

　　$\boxed{0} \leqq y \leqq \boxed{8}$

💡 x の変域に制限があるときに，y の変域を求めるときは，グラフを利用して考える。放物線が，上に開いた形か下に開いた形かに注意する。また，x の変域が 0 をふくむときに注意する。

❸ 変化の割合

☐関数 $y=x^2$ について，x の値が 0 から 2 まで増加するときの変化の割合を求めなさい。

$x=0$ のとき，$y=\boxed{0}^2=\boxed{0}$

$x=2$ のとき，$y=\boxed{2}^2=\boxed{4}$

変化の割合$=\boxed{\dfrac{y \text{ の増加量}}{x \text{ の増加量}}}$ なので，

変化の割合は，$\dfrac{\boxed{4}-0}{2-0}=\boxed{2}$

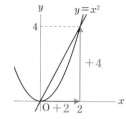

💡関数 $y=x^2$ について，x の値が 0 から 2 まで増加するときの変化の割合は，グラフ上の点(0，0)と点(2，4)を通る $\boxed{\text{直線}}$ の傾きを表している。

💡関数 $y=ax+b$ では，変化の割合は $\boxed{a \text{ で一定}}$ である。

関数 $y=ax^2$ では，x がどの値からどの値まで増加するかによって変化の割合は異なり，$\boxed{\text{一定ではない}}$。

☐関数 $y=ax^2$ について，x の値が -1 から 3 まで増加するときの変化の割合が 10 であるとき，a の値を求めなさい。

$x=-1$ のとき，$y=a\times(\boxed{-1})^2=\boxed{a}$

$x=3$ のとき，$y=a\times\boxed{3}^2=\boxed{9a}$

変化の割合$=\boxed{\dfrac{y \text{ の増加量}}{x \text{ の増加量}}}$ なので，

変化の割合は，$\dfrac{\boxed{9a}-a}{\boxed{3}-(-1)}=\boxed{2a}$

よって，$\boxed{2a}=10$　$a=\boxed{5}$

8 相似①

① 相似

☐2つの図形の一方を拡大または縮小した図形が，他方と合同になるとき，2つの図形は 相似 であるといい，記号 ∽ で表す。

☐右の図で，△ABC∽△DEF であるとき，

(1)△ABC と △DEF の相似比は，

1 : 2 である。

(2)辺 AC の長さを $x$cm とすると，

$2 : 4 = x : 3$ 　　$4x = 2 × 3$ 　　$x = 1.5$(cm)

💡相似な図形は，対応する 長さ の 比 はすべて等しく，対応する 角 の大きさはそれぞれ 等しい 。

💡相似な図形の対応する部分の長さの比を 相似比 という。

② 三角形の相似条件

☐下のそれぞれの図で，相似な三角形を記号∽を使って表しなさい。また，そのときに使った相似条件を答えなさい。

(1)

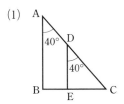

△ABC∽ △DEC

2組の角がそれぞれ等しい

(2)

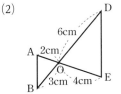

△ABO∽ △EDO

2組の辺の比とその間の角がそれぞれ等しい

💡 2つの三角形は，次のどれかが成り立つとき相似である。

・ 3組の辺の比 がすべて等しい。

AB：DE＝BC： EF ＝CA： FD

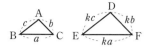

・ 2組の辺の比とその間の角 がそれぞれ等しい。

AB：DE＝BC： EF ，∠B＝∠ E

・ 2組の角 がそれぞれ等しい。

∠B＝∠ E ， ∠C＝∠ F

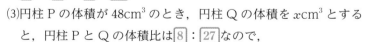
❸ 相似比と面積比・体積比

□相似な2つの三角形 A，B があり，その相似比は1：3であるとき，

(1)三角形 A と B の周の長さの比は，1： 3 である。

(2)三角形 A と B の面積比は，1^2： 3^2＝1： 9 である。

💡 相似比が $a：b$ である図形ならば，周の長さの比は

a ： b となり，面積比は a^2 ： b^2 となる。

□相似な2つの円柱 P，Q があり，その相似比は2：3であるとき，

(1)円柱 P と Q の表面積の比は，

2^2 ： 3^2 ＝ 4 ： 9 である。

(2)円柱 P と Q の体積比は，

2^3 ： 3^3 ＝ 8 ： 27 である。

(3)円柱 P の体積が 48cm³ のとき，円柱 Q の体積を $x$cm³ とする

と，円柱 P と Q の体積比は 8 ： 27 なので，

8 ：27＝ 48 ：x　　　x＝ 162

よって，円柱 Q の体積は 162 cm³ である。

💡 相似比が $m：n$ である立体ならば，表面積の比は m^2 ： n^2 と

なり，体積比は m^3 ： n^3 となる。

❶ 三角形と比

□右の図の△ABC で，PQ∥BC であるとき，AQ の長さを求めなさい。

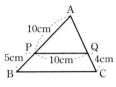

PQ∥BC なので，AP：PB＝AQ：QC

$$10 : 5 = AQ : 4$$

$$5AQ = 40$$

$$AQ = 8 \text{(cm)}$$

右の図のように，PQ∥BC ならば，

AP：AB＝AQ：AC＝PQ：BC となる。

AP：AB＝AQ：AC または

AP：PB＝AQ：QC ならば，

PQ ∥ BC となる。

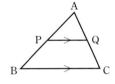

❷ 平行線と線分の比

□右の図の直線 ℓ，m，n が平行であるとき，x の値を求めなさい。

ℓ，m，n が平行なので，

$$9 : 24 = x : 16$$

$$3 : 8 = x : 16$$

$$8x = 48 \quad x = 6 \text{(cm)}$$

右の図のように，直線 ℓ，m，n が平行

ならば，AB：BC＝A′B′：B′C′となる。

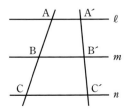

❸ 中点連結定理

☐右の図で，AM＝MB，AN＝NC のとき，MN の長さと∠ABC の大きさをそれぞれ求めなさい。

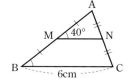

中点連結定理より，

$MN=\dfrac{1}{2}BC=\dfrac{1}{2}\times\boxed{6}=\boxed{3}$ (cm)

MN∥$\boxed{BC}$より，平行線の$\boxed{同位角}$は等しいので，

∠ABC＝∠AMN＝$\boxed{40°}$

 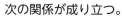 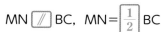

△ABC の 2 辺 AB，AC の中点をそれぞれ M，N とすると，
次の関係が成り立つ。

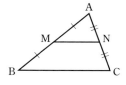

$MN\boxed{/\!/}BC$, $MN=\boxed{\dfrac{1}{2}}BC$

❹ 角の二等分線と線分の比

☐右の図の△ABC で，∠BAD＝∠DAC のとき，x の値を求めなさい。

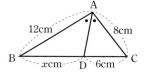

∠BAD＝∠DAC より，

AB：AC＝$\boxed{BD}$：$\boxed{DC}$

12：$\boxed{8}$＝$\boxed{x}$：6

$8x=\boxed{72}$　$x=\boxed{9}$ (cm)

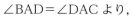 右の図のような△ABC で，

∠BAD＝∠DAC ならば，

$a:b=\boxed{c}:\boxed{d}$ となる。

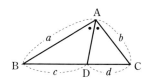

10 円

❶ 円周角

□右の図で，円 O において，$\overarc{AB}$ 以外の円周上
の点を P とするとき，

∠APB を $\overarc{AB}$ に対する 円周角 といい，

∠AOB を $\overarc{AB}$ に対する 中心角 という。

また，$\overarc{AB}$ を円周角∠APB に対する 弧 という。

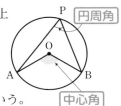

❷ 円周角の定理

□下の図において，∠x の大きさを求めなさい。

(1)

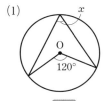

∠x = 60°

(2)

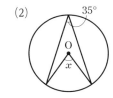

∠x = 70°

💡 円周角 の定理

・1 つの弧に対する円周角の大きさは，その
弧に対する中心角の大きさの 半分 である。

・同じ弧に対する円周角の大きさは 等しい 。

∠APB = $\dfrac{1}{2}$ ∠AOB

❸ 円周角と弧の長さ

□右の図で，∠x の大きさは 15° である。

また，∠y の大きさは 30° である。

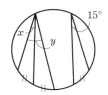

💡 1つの円で，等しい円周角に対する 弧 の長さは等しい。

💡 1つの円で，等しい弧に対する 円周角 の大きさは等しい。

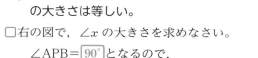

□右の図で，∠x の大きさを求めなさい。

∠APB＝ 90° となるので，

∠x＝180°−50°−90°＝ 40°

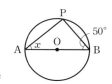

💡 線分 AB を直径とする円周上に A，B と異なる点 P をとると，∠APB＝ 90° である。

💡 円周上の3点 A，P，B について，∠APB＝90°ならば線分 AB は 直径 となる。

□右の図で，4点 A，B，C，D が1つの円周上にあるとき，∠x，∠y の大きさを求めなさい。

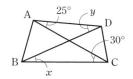

4点 A，B，C，D は1つの円周上にあるので，∠DBC＝∠ DAC ＝ 25°

よって，∠x＝ 25°

∠ADB＝∠ ACB ＝ 30°

よって，∠y＝ 30°

💡 円周角の定理の逆

4点 A，B，P，Q について，PQ が直線 AB に対して同じ側にあって，

∠APB＝∠ AQB ならば，

この4点は 1つの円周上 にある。

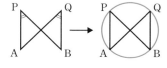

53

11 三平方の定理

❶ 三平方の定理

☐ 右の図の直角三角形で，x の値を求めなさい。

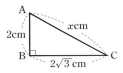

$\boxed{\text{AC}}$ が斜辺であるから，

三平方の定理より，

$2^2 + (\boxed{2\sqrt{3}})^2 = \boxed{x}^2$

$x^2 = 4 + \boxed{12} = \boxed{16}$

$x > 0$ であるから，$x = \boxed{4}$

💡 $\boxed{三平方}$ の定理

直角三角形の直角をはさむ 2 辺の長さを a，b，斜辺の長さを c とすると，次の関係が成り立つ。

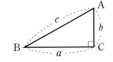

$\boxed{a^2} + \boxed{b^2} = \boxed{c^2}$

☐ 次の長さを 3 辺とする三角形のうち，直角三角形はどれか答えなさい。

㋐ 1cm，1cm，2cm　㋑ 1cm，2cm，3cm　㋒ 3cm，4cm，5cm

$a^2 + b^2 = c^2$ が成り立つかどうか調べるとよい。

$\boxed{c}$ が一番長い辺であることに注意すると，

㋐　$a^2 + b^2 = 1^2 + 1^2 = 2,\quad c^2 = \boxed{2}^2 = \boxed{4}$

㋑　$a^2 + b^2 = 1^2 + \boxed{2}^2 = \boxed{5},\quad c^2 = 3^2 = 9$

㋒　$a^2 + b^2 = \boxed{3}^2 + 4^2 = \boxed{25},\quad c^2 = 5^2 = 25$

よって，直角三角形は $\boxed{㋒}$。

💡 三平方の定理の逆

3 辺の長さが a，b，c の三角形で，$a^2 + b^2 = c^2$ が成り立つならば，その三角形は長さ c の辺を斜辺とする $\boxed{直角三角形}$ である。

❷ 特別な三角形の 3 辺の比

□右の図で，x，y の値を求めなさい。

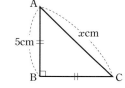

(1)　AB：AC＝1：$\boxed{\sqrt{2}}$

　　　$\boxed{5}$：x＝1：$\boxed{\sqrt{2}}$

　　　　　x＝$\boxed{5\sqrt{2}}$

(2)　AC：AB＝1：$\boxed{2}$　AC：BC＝1：$\boxed{\sqrt{3}}$

　　　$\boxed{3}$：x＝1：$\boxed{2}$　　3：$\boxed{y}$＝1：$\boxed{\sqrt{3}}$

　　　　　x＝$\boxed{6}$　　　　　　y＝$\boxed{3\sqrt{3}}$

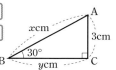

💡 特別な直角三角形の 3 辺の比

直角二等辺三角形　　　30°，60°，90°の直角三角形

□座標平面上の 2 点 A(2, 1)，B(5, 3)間の距離を求めなさい。

右の図において，

AH＝5－$\boxed{2}$＝$\boxed{3}$，

BH＝$\boxed{3}$－1＝$\boxed{2}$だから，

AB^2＝AH^2＋BH^2＝$\boxed{3}^2$＋$\boxed{2}^2$＝$\boxed{13}$

AB＞0 より，AB＝$\boxed{\sqrt{13}}$

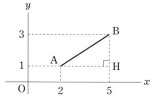

💡 座標平面上の 2 点間の距離

2 点間の距離＝$\sqrt{(\boxed{x\text{ 座標}}\text{の差})^2+(\boxed{y\text{ 座標}}\text{の差})^2}$

座標平面上の 2 点間の距離を求めるには，2 点を結ぶ線分を斜辺として，座標軸に平行な 2 つの辺をもつ直角三角形をつくり，三平方の定理を使う。

55

12 標本調査

❶ 標本調査

□次の調査は，それぞれ全数調査，標本調査のどちらが適当か。

　⑦　フライパンの耐久性の調査

　④　学校で行う身体測定

　⑦　テレビ番組の視聴率調査

　　⑦…すべてのフライパンを調査すると，商品としてのフライパンがなくなるので，標本調査 。

　　④…身体測定は生徒全員に行う必要があるので，全数調査 。

　　⑦…およその予想ができれば十分なので，標本調査 。

💡ある集団について何かを調べるとき，集団全部を調査することを全数調査 という。

💡集団全体の傾向を推測するために，集団の一部を調査することを標本調査 という。

□ある都市の有権者35612人から，1000人を選び出して，電話調査を行った。この調査の母集団は ある都市の有権者35612人 ，標本は 選ばれた1000人 ，標本の大きさは 1000 人である。

💡標本調査を行うとき，傾向を知りたい集団全体を 母集団 という。また，母集団の一部分として取り出して実際に調べたものを 標本 といい，取り出したデータの個数を 標本の大きさ という。

□さいころやくじなどを利用すれば，どれも同じ確率で選ばれるように標本を取り出すことができる。このように，母集団から，かたよりのないように標本を取り出すことを， $\boxed{\text{無作為に抽出}}$ するという。

無作為に抽出するには，例えば，乱数さい，乱数表，くじ引きを使う方法がある。

□ある工場で，無作為に抽出して 400 個の製品を調査したところ，2 個の不良品があった。このとき，6000 個の製品にふくまれる不良品は，およそ何個あると考えられるか求めなさい。

この工場で製造した製品にふくまれる不良品の割合は，

$2 \div \boxed{400} = \boxed{\dfrac{1}{200}}$ と推測できる。

したがって，6000 個の製品にふくまれる不良品は，およそ

$6000 \times \boxed{\dfrac{1}{200}} = \boxed{30}$（個）

あると考えられる。

ある集団から無作為に抽出した標本の中に占める数の割合は，母集団の中に占める割合とほぼ等しい。

標本における比率から，母集団における比率を推定するので，比例式を使って解くこともできる。

[別解] 上の問題の求める個数を x 個とすると，

次の比例式が成り立つ。

$$\boxed{2} : 400 = x : 6000$$
$$400x = \boxed{12000}$$
$$x = \boxed{30}$$

答 $\boxed{\text{およそ 30 個}}$

1・2年のまとめ

❶ 正の数と負の数

☐ 0 より 4 小さい数は，$\boxed{-4}$ である。

☐ 「8 分前に出発した」ことを負の数を用いて表すと，「$\boxed{-8\text{分後}}$に出発した」となる。

☐ -2.4 の絶対値は，$\boxed{2.4}$ である。

☐ 4，-7 の数の大小を不等号を使って表すと，$4\boxed{>}-7$ となる。

☐ $(-4)+(-7)=\boxed{-}(4+7)=\boxed{-11}$

☐ $(+6)\times(-4)=\boxed{-24}$

☐ $\left(-\dfrac{4}{5}\right)\times\dfrac{1}{2}\div\left(-\dfrac{2}{15}\right)=\left(-\dfrac{4}{5}\right)\times\dfrac{1}{2}\times\left(\boxed{-\dfrac{15}{2}}\right)=\boxed{3}$

☐ $\left(\dfrac{4}{9}+\dfrac{5}{3}\right)\times9=\dfrac{4}{9}\times\boxed{9}+\dfrac{5}{3}\times9=4+\boxed{15}=\boxed{19}$

☐ 42 を素因数分解すると，$\boxed{2}\times3\times\boxed{7}$ となる。

❷ 単項式，多項式

☐ $(12x-15)\times\left(-\dfrac{2}{3}\right)=12x\times\left(\boxed{-\dfrac{2}{3}}\right)-\boxed{15}\times\left(-\dfrac{2}{3}\right)=\boxed{-8x+10}$

☐ $(-3x+2y)-(5x-4y)=-3x+2y-\boxed{5x}+\boxed{4y}=\boxed{-8}x+\boxed{6}y$

☐ $\dfrac{x+2y}{3}-\dfrac{2x-y}{9}=\dfrac{\boxed{3}(x+2y)-(\boxed{2x-y})}{9}=\dfrac{3x+\boxed{6y}-2x\boxed{+y}}{9}$

$=\boxed{\dfrac{x+7y}{9}}$

☐ $6a^2b^3\div\left(-\dfrac{2}{3}ab\right)=6a^2b^3\times\left(\boxed{-\dfrac{3}{2ab}}\right)=\boxed{-9ab^2}$

☐ $36x^2y^2\div(-2x)^2\div(-3y)=36x^2y^2\div\boxed{4x^2}\div(-3y)=-\dfrac{\boxed{36x^2y^2}}{4x^2\times\boxed{3y}}$

$=\boxed{-3y}$

58

❸ 方程式, 連立方程式

☐ $0.7x - 0.9 = 0.2x + 0.6$ ← 両辺に10をかける

$7x - 9 = \boxed{2}\,x + \boxed{6}$

$5x = \boxed{15}$　$x = \boxed{3}$

☐ $\begin{cases} x - \dfrac{1}{2}y = 4 \quad \cdots① \\ \dfrac{1}{2}x + \dfrac{1}{3}y = \dfrac{5}{6} \quad \cdots② \end{cases}$

①×2 より, $\boxed{2}\,x - y = \boxed{8}\cdots③$　→ $x = 3$ を④に代入して,

②×6 より, $3x + \boxed{2}\,y = 5\cdots④$　　$9 + 2y = 5$　$y = \boxed{-2}$

③×2+④　$\boxed{7}\,x = 21$　　　　　　$(x,\ y) = (\boxed{3},\ \boxed{-2})$

$x = \boxed{3}$

❹ 比例, 反比例, 1 次関数

☐ y が x に比例し, $x = 5$ のとき $y = 15$ である。このとき, y を x の式で表しなさい。

$y = ax$ に $x = \boxed{5}$, $y = \boxed{15}$ を代入すると, $15 = \boxed{5}\,a$, $a = \boxed{3}$

よって, $y = \boxed{3x}$

☐ y が x に反比例し, $x = 7$ のとき $y = -4$ である。このとき, y を x の式で表しなさい。

$y = \dfrac{a}{x}$ に $x = \boxed{7}$, $y = \boxed{-4}$ を代入すると, $\boxed{-4} = \dfrac{a}{7}$, $a = \boxed{-28}$

よって, $y = \boxed{-\dfrac{28}{x}}$

☐ 2 点$(-1,\ 3)$, $(2,\ -3)$を通る直線の式を求めなさい。

直線の傾きは, $\dfrac{-\boxed{3} - 3}{2 - (\boxed{-1})} = \boxed{-2}$

$y = \boxed{-2}\,x + b$ に $x = -1$, $y = 3$ を代入すると,

$3 = -2 \times (\boxed{-1}) + b$, $b = \boxed{1}$　よって, $y = \boxed{-2x + 1}$

□点$(-2, 5)$を通り，直線$y = -\dfrac{3}{2}x + 3$に平行な直線の式を求めなさい。

$y = -\dfrac{3}{2}x + b$ に $x = \boxed{-2}$, $y = \boxed{5}$を代入すると，

$5 = -\dfrac{3}{2} \times (\boxed{-2}) + b$, $b = \boxed{2}$　よって，$y = \boxed{-\dfrac{3}{2}x + 2}$

□右の図の2直線ℓ, mの交点の座標を求めなさい。

直線ℓの式は，$y = 2x + \boxed{4}$

直線mの式は，$y = \boxed{-\dfrac{2}{3}}x - 2$

2式を連立方程式として解くと，

$2x + \boxed{4} = \boxed{-\dfrac{2}{3}}x - 2$

両辺を3倍すると，

$\boxed{6}x + 12 = -2x - 6$

$\boxed{8}x = -18$　$x = \boxed{-\dfrac{9}{4}}$

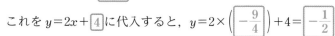

これを$y = 2x + \boxed{4}$に代入すると，$y = 2 \times \left(\boxed{-\dfrac{9}{4}}\right) + 4 = \boxed{-\dfrac{1}{2}}$

よって，$\left(\boxed{-\dfrac{9}{4}}, \boxed{-\dfrac{1}{2}}\right)$

❺　図形

□平面上で，図形を一定の方向に，一定の長さだけずらすことを$\boxed{平行移動}$という。

□半径12cm，中心角45°のおうぎ形の弧の長さと面積を求めなさい。

弧の長さは，$2\pi \times \boxed{12} \times \dfrac{\boxed{45}}{360} = \boxed{3\pi}$ (cm)

面積は，$\pi \times \boxed{12}^2 \times \dfrac{\boxed{45}}{360} = \boxed{18\pi}$ (cm²)

□底面が縦 3cm，横 5cm の長方形で，高さが 4cm の四角錐の体
　積を求めなさい。

$$\boxed{\dfrac{1}{3}} \times 3 \times 5 \times 4 = \boxed{20}\ (\mathrm{cm}^3)$$

□底面の直径が 12cm，高さが 8cm の円柱の表面積を求めなさい。

$$12\pi \times \boxed{8} + \pi \times \boxed{6}^2 \times 2 = \boxed{168\pi}\ (\mathrm{cm}^2)$$

□半径が 3cm の球の表面積と体積を求めなさい。

　　表面積は，$4\pi \times \boxed{3}^2 = \boxed{36\pi}\ (\mathrm{cm}^2)$

　　体積は，$\boxed{\dfrac{4}{3}}\pi \times \boxed{3}^3 = \boxed{36\pi}\ (\mathrm{cm}^3)$

□正十二面体の 1 つの面の形は $\boxed{\text{正五角形}}$ である。

□右の図の△ABC で，∠BAC の大きさ
　を求めなさい。

　　∠BAC＝$125° - \boxed{60°} = \boxed{65°}$

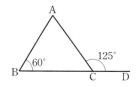

□頂角が 30°の二等辺三角形の 1 つの底角の大きさは $\boxed{75°}$ である。

□正八角形の内角の和は，$180° \times (\boxed{8} - 2) = \boxed{1080°}$

□多角形の外角の和は，$\boxed{360°}$ である。

□三角形の合同条件

　・$\boxed{\text{3 組の辺}}$がそれぞれ等しい。

　・2 組の辺と$\boxed{\text{その間の角}}$がそれぞれ等しい。

　・$\boxed{\text{1 組の辺}}$とその両端の角がそれぞれ等しい。

□直角三角形の合同条件

　・斜辺と 1 つの$\boxed{\text{鋭角}}$がそれぞれ等しい。

　・斜辺と$\boxed{\text{他の 1 辺}}$がそれぞれ等しい。

□対角線の長さが等しく垂直に交わる平行四辺形は$\boxed{\text{正方形}}$である。

⑥ データの活用，確率

□ある資料の度数の合計が 25 のとき，ある階級の度数が 8 であった。この階級の相対度数は $\boxed{0.32}$ である。

□下のデータは，5 人のハンドボール投げの記録を表している。

9, 16, 14, 11, 13　（単位：m）

このデータの中央値は $\boxed{13}$ m，平均値は $\boxed{12.6}$ m である。

□大小 2 個のさいころを同時に投げるとき，出る目の数の和が 6 になる確率を求めなさい。

さいころの目の出方は全部で $\boxed{36}$ 通りあり，出る目の数の和が 6 になるのは，

(大，小) = ($\boxed{1}$, 5), (2, $\boxed{4}$), ($\boxed{3}$, 3), (4, $\boxed{2}$), ($\boxed{5}$, 1)

の 5 通り。よって，確率は，$\boxed{\dfrac{5}{36}}$ である。

□3 枚のコイン A，B，C を同時に投げるとき，1 枚が表，2 枚が裏が出る確率を求めなさい。

すべての場合の数は，$\boxed{8}$ 通り。
右の樹形図で，1 枚が表，2 枚が裏の場合は $\boxed{3}$ 通り。よって，確率は，$\boxed{\dfrac{3}{8}}$ である。

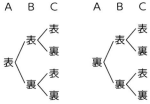

□下のデータは生徒 8 人の 20 点満点のテストの点数を表している。

13, 8, 19, 11, 9, 15, 17, 9　（単位：点）

このデータの第 1 四分位数は $\boxed{9}$ 点，第 2 四分位数は $\boxed{12}$ 点，第 3 四分位数は $\boxed{16}$ 点であり，四分位範囲は $\boxed{7}$ 点である。

スマホで一問一答！

63

1 生物の成長と生殖①

❶ 細胞のふえ方

☐ 細胞分裂…1つの細胞が2つに分かれること。

☐ 染色体…細胞分裂のときに現れるひものようなもの。

☐ 体細胞…体をつくっている細胞。

☐ 体細胞分裂…体をつくる細胞で行われる分裂。体細胞分裂に
よって体細胞がふえ，それぞれの細胞が大きくなることで体が成
長する。

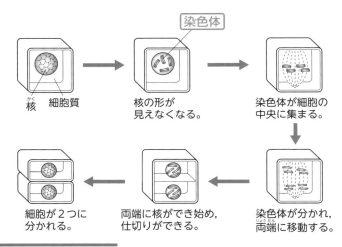

染色体

核 細胞質

核の形が
見えなくなる。

染色体が細胞の
中央に集まる。

細胞が2つに
分かれる。

両端に核ができ始め，
仕切りができる。

染色体が分かれ，
両端に移動する。

❷ 生物の成長

☐ 根のようす

根元に近いところ：細胞分裂が見られず，1つ1つの細胞が

大きい。

根の先端付近（成長点）：細胞分裂が行われ，1つ1つの細胞が

小さい。

□生物の成長のしくみ…細胞分裂
によって細胞の数を ふやし ，
分裂した1つ1つの細胞が
大きく なることで成長する。

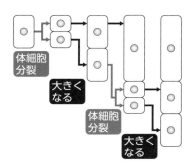

💡細胞はある一定の大きさにな
ると，成長が止まる。

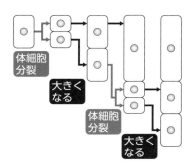体細胞分裂　大きくなる　体細胞分裂　大きくなる

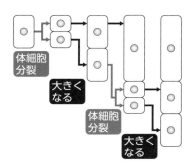理科

❸　無性生殖

□ 生殖 …生物が自分と同じ種類の個体をつくること。

□ 無性生殖 …雌雄の親を必要とせず， 体細胞分裂 によって新し
い個体をつくる生殖。

□単細胞生物の無性生殖

・体が2つに分かれる
こと(分裂)でふえる。

ミカヅキモ

・体の一部がふくらむ
こと(出芽)でふえる。

酵母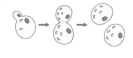

□多細胞生物(動物)の無性生殖

体の一部が分かれたり，分かれた体が再生したりすることでふえ
る。(イソギンチャク，プラナリア)

□多細胞生物(植物)の無性生殖

体の一部から新しい個体をつくる。このような生殖を 栄養生殖
という。(ジャガイモ，サツマイモ)

💡無性生殖でふえた生物では，親の特徴がそのまま子に伝わるた
め，子は親と同じ特徴をもつ。

2 生物の成長と生殖②

❶ 動物の有性生殖

□ 有性生殖 …雌雄の親がかかわって子をつくる生殖。

□ 生殖細胞 …生殖のためにつくられる特別な細胞。

□ 動物の生殖細胞…雌の卵巣でつくられる 卵 と，雄の精巣でつくられる 精子 がある。

□ 受精 …精子が卵の中に入り，精子の核と卵の核が合体すること。

□ 受精卵 …受精によってできた1つの細胞。

□ 発生 …受精卵が細胞の数をふやして胚になり，さらに細胞の数をふやして組織や器官をつくり成体になるまでの過程。

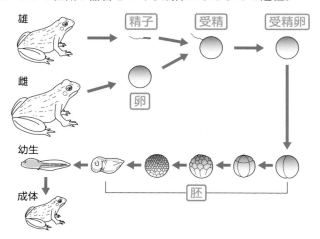

❷ 植物の有性生殖

□ 植物の生殖細胞…花粉の中でつくられる雄の生殖細胞である 精細胞 と，胚珠の中でつくられる雌の生殖細胞である 卵細胞 がある。

66

□被子植物の受精…めしべの柱頭についた花粉が，子房の中の胚珠に向かって 花粉管 をのばし，花粉の中の精細胞が花粉管を通って胚珠に運ばれ，受精する。

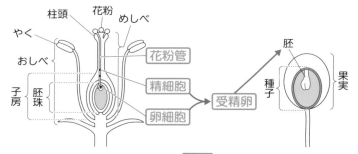

□裸子植物の受精…裸子植物には 子房 がなく，胚珠がむき出しになっているので，花粉は 胚珠 に直接つき花粉管をのばすが，受精までには時間がかかる。

□種子…受精卵が 胚 になり，胚珠全体が 種子 になる。種子が発芽すると，根・茎・葉をもつ個体となる。

⚗️ 動物，植物ともに，有性生殖で生まれた子の特徴は，親と同じになるものとならないものがある。

❸ 染色体の受けつがれ方

□無性生殖の場合…親と 同じ 染色体をもつ。

□有性生殖の場合…生殖細胞をつくるときに染色体の数が半分になる 減数分裂 を行い，染色体の数が半分になった卵(卵細胞)と精子(精細胞)の受精によって，親と同じ数の染色体をもつようになる。

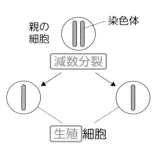

3 遺伝，生物の進化

① 遺伝の規則性

□ 形質 …生物がもつ形や性質などの特徴。

□ 遺伝 …親の形質が，子や孫に伝わること。

□ 遺伝子 …形質を現すもとになるもの。細胞の核内の染色体にある。

□ 純系 …親，子，孫と世代を重ねても，形質が親と同じもの。

□ 自家受粉 …めしべに同じ個体の花粉がつくこと。

□ 対立形質 …同時に現れない2つの形質。種子の形の丸としわなど。

□ 顕性形質 …純系どうしをかけ合わせたとき，子に現れる形質。

□ 潜性形質 …純系どうしをかけ合わせたとき，子に現れない形質。

□ メンデルの実験

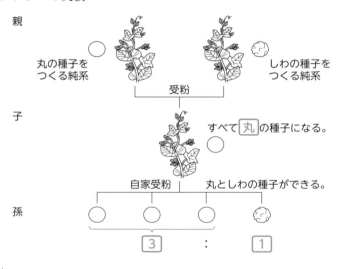

親

丸の種子を
つくる純系

しわの種子を
つくる純系

受粉

子

すべて 丸 の種子になる。

自家受粉 　丸としわの種子ができる。

孫

3 ： 1

💡 このような規則性は，種子の形だけでなく，子葉や種皮の色，
さやの形や色，花のつき方などでも見られる。

❷ 遺伝子の伝わり方

□ 分離の法則 …対になっている親の遺伝子が，減数分裂のときに分かれて別々の生殖細胞に入ること。

□遺伝子の伝わり方

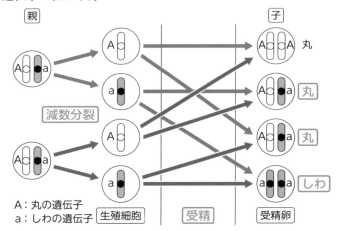

親　　　　　　　　　　　　　　　　　子

A 丸

A a 丸

A a 丸

a a しわ

減数分裂

A：丸の遺伝子
a：しわの遺伝子

生殖細胞　　受精　　受精卵

💡 遺伝子の本体は，DNA（デオキシリボ核酸）という物質である。

❸ 生物の進化とその証拠

□ 進化 …生物が長い年月をかけて世代を重ねる間に，形質が変化すること。脊椎動物は，魚類→両生類→は虫類→哺乳類→鳥類の順に現れたと考えられる。

□中間的な特徴をもつ生物…2つのなかまの中間的な特徴をもつ生物の化石から，進化の道筋を推測することができる。

例：始祖鳥 は，は虫類と鳥類の中間的な特徴をもつ。

□ 相同器官 …現在の見かけの形やはたらきが異なっていても，基本的なつくりが同じで，もとは同じ器官であったと考えられるもの。

例：カエルの前あしとハトの翼

4 水溶液とイオン

① 電流が流れる水溶液

□ 電解質…水にとけると，水溶液に電流が流れる物質。水溶液中では物質を構成する原子が電気を帯びた粒子になる。塩化ナトリウム，塩化水素，塩化銅など。

□ 非電解質…水にとけても，水溶液に電流が流れない物質。砂糖，エタノールなど。

●電気分解

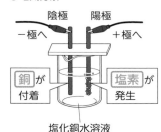

塩化銅水溶液

□ 電解質の水溶液の電気分解

・塩化銅水溶液の電気分解

塩酸 → 銅 + 塩素

$CuCl_2 \rightarrow Cu + Cl_2$

・塩酸の電気分解

塩酸 → 水素 + 塩素

$2HCl \rightarrow H_2 + Cl_2$

② 原子の成り立ち

□ 原子核…原子の中心にあり，＋の電気をもつ 陽子 と，電気をもたない 中性子 からできている。

□ 電子…原子核のまわりにあり，−の電気をもつ。

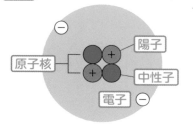

💡 原子全体では，＋の電気の量と−の電気の量は等しく，電気的に中性である。

□ イオン …原子が＋または－の電気を帯びたもの。
□ 陽イオン …原子が電子を失って，＋の電気を帯びたもの。

例：ナトリウムイオン　Na^+
　　電子を1個失うので，右肩に＋をつける。

$Na \rightarrow Na^+ + e^-$

ナトリウム原子　ナトリウムイオン　電子

💡 e^- は，電子1個を表す記号である。

□ 陰イオン …原子が電子を受けとって，－の電気を帯びたもの。

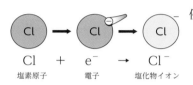

例：塩化物イオン　Cl^-
　　電子を1個受けとるので，右肩に－をつける。

$Cl + e^- \rightarrow Cl^-$

塩素原子　電子　塩化物イオン

□イオンの種類と化学式

陽イオン		陰イオン	
水素イオン	H^+	塩化物イオン	Cl^-
ナトリウムイオン	Na^+	水酸化物イオン	OH^-
銅イオン	Cu^{2+}	硫酸イオン	SO_4^{2-}

❸ 電離

□ 電離 …電解質が陽イオンと陰イオンに分かれること。

・塩化ナトリウム　$NaCl \rightarrow Na^+ + Cl^-$

・塩化銅　$CuCl_2 \rightarrow Cu^{2+} + 2Cl^-$

塩化ナトリウム水溶液

$Na^+ : Cl^- = 1 : 1$

塩化銅水溶液

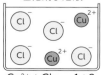

$Cu^{2+} : Cl^- = 1 : 2$

理科

71

5 電池とイオン

❶ 金属のイオンへのなりやすさ

□イオンになりやすい金属…イオンになりにくい金属の陽イオンに
　電子 をあたえて，自らは 陽イオン になる。

□イオンになりにくい金属…イオンになりやすい金属から 電子 を
　受けとって， 原子 になる。

□硫酸亜鉛水溶液にマグネシウム片を入れたときのようす

マグネシウムはイオンと

なり，亜鉛が付着する。

$Mg \rightarrow \boxed{Mg^{2+}} + 2e^-$

$Zn^{2+} + 2e^- \rightarrow \boxed{Zn}$

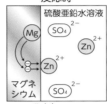

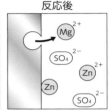

□金属のイオンへのなりやすさの比較

水溶液　　　　入れた金属	硫酸マグネシウム水溶液 (Mg^{2+})	硫酸亜鉛水溶液 (Zn^{2+})	硫酸銅水溶液 (Cu^{2+})
マグネシウム(Mg)		亜鉛が付着	銅が付着
亜鉛(Zn)	変化なし		銅が付着
銅(Cu)	変化なし	変化なし	

💡金属の種類によって陽イオンへのなりやすさにちがいがあり，

マグネシウム，亜鉛，銅の３種類では，マグネシウムが最も陽

イオンになりやすい。

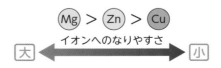

イオンへのなりやすさ

大 ⟷ 小

❷ 電池のしくみ

□ 電池（化学電池）…物質がもつ化学エネルギーを電気エネルギーに変換してとり出す装置。

□ ダニエル電池

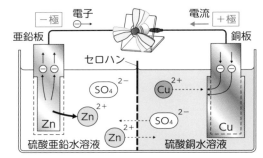

・−極の反応…亜鉛原子が電子を失って亜鉛イオンとなり，硫酸亜鉛水溶液中にとけ出す。　$Zn → Zn^{2+} + 2e^-$

・＋極の反応…硫酸銅水溶液中の銅イオンが電子を受けとって銅となり，銅板上に付着する。　$Cu^{2+} + 2e^- → Cu$

・電子の移動の向きは，− 極→ ＋ 極，
電流の向きは，＋ 極→ − 極である。

💡 水溶液を仕切るセロハンには小さい穴があいていて，陽イオンや陰イオンが少しずつ移動し，電気的なかたよりをなくしている。

❸ 身のまわりの電池

□ 一次電池…充電できない使い切りタイプの電池。

□ 二次電池…充電によりくり返し使える電池。

□ 充電…外部から電流を流し，電気エネルギーを化学エネルギーに変換すること。

□ 燃料電池…水の電気分解と逆の化学変化を利用して，水素と酸素がもつ化学エネルギーを電気エネルギーとしてとり出す装置。

水素　＋　酸素　→　水　＋　電気エネルギー

理科

6 酸・アルカリとイオン

① 水溶液の性質

□水溶液の性質

	酸性	中性	アルカリ性
リトマス紙	青色→赤色	変化なし	赤色→青色
ＢＴＢ溶液	黄色	緑色	青色
フェノールフタレイン溶液	無色	無色	赤色
ｐＨ試験紙	黄色～赤色	緑色	青色
マグネシウムリボン	水素が発生	変化なし	変化なし

□酸性の水溶液…塩酸，硫酸，酢酸など。

□アルカリ性の水溶液…水酸化ナトリウム水溶液，石灰水など。

② 酸・アルカリの性質を決めるもの

□酸…水溶液中で電離して水素イオン(H^+)を生じる物質。

　・HCl　→　H^+　+　Cl^-

　　塩化水素　水素イオン　塩化物イオン

　・H_2SO_4　→　$2H^+$　+　SO_4^{2-}

　　硫酸　　水素イオン　硫酸イオン

□アルカリ…水溶液中で電離して水酸化物イオン(OH^-)を生じる物質。

　・NaOH　　　→　　Na^+　　+　　OH^-

　水酸化ナトリウム　ナトリウムイオン　水酸化物イオン

　・$Ba(OH)_2$　→　Ba^{2+}　+　$2OH^-$

　水酸化バリウム　　バリウムイオン　水酸化物イオン

74

❸ 酸性・アルカリ性の強さ

☐ pH …水溶液の酸性，アルカリ性の強さを表す値。
- ・pHが7： 中 性
- ・pHが7より小さい： 酸 性
- ・pHが7より大きい： アルカリ 性

💡 数値が7より小さいほど酸性が強く，7より大きいほどアルカリ性が強い。0〜14の数値で表す。

❹ 酸とアルカリを混ぜたときの変化

☐ 中和 …酸性の水溶液とアルカリ性の水溶液を混ぜ合わせたときに起こる，たがいの性質を打ち消し合う反応。

☐ 酸性の水溶液の水素イオンと，アルカリ性の水溶液の水酸化物イオンが結びついて 水 ができる。

☐ 酸性の水溶液の陰イオンと，アルカリ性の水溶液の陽イオンが結びついて 塩 ができる。

酸 → H⁺ + 陰イオン
アルカリ → 陽イオン + OH⁻
塩   水(H_2O)

☐ 水酸化ナトリウム水溶液と塩酸の中和

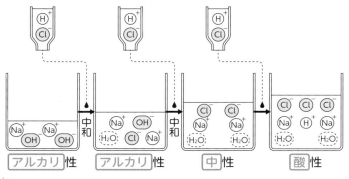

アルカリ 性　　アルカリ 性　　中 性　　酸 性

💡 中性になったあとは，中和の反応は起こらない。

75

7 水圧と浮力，力の合成と分解

① 水中の物体にはたらく力

□ 水圧…水中にある物体が，水の重さによって受ける圧力。

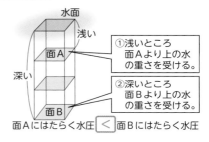

①浅いところ
面Aより上の水の重さを受ける。

②深いところ
面Bより上の水の重さを受ける。

面Aにはたらく水圧 $<$ 面Bにはたらく水圧

□ 水圧と水の深さの関係…水圧は水の深さが深いほど 大きく ，深さが同じときは水圧の大きさも 等しい 。

□ 水圧がはたらく向き…水圧はあらゆる向きにはたらく。

② 浮力

□ 浮力…水中にある物体が水から受ける上向きの力。

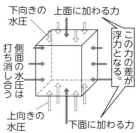

下向きの水圧　上面に加わる力

側面の水圧は打ち消し合う

上向きの水圧　下面に加わる力

この力の差が浮力となる。

□ 浮力の大きさ[N]＝ 空気中 でのばねばかりの値[N]

ー 水中 でのばねばかりの値[N]

□ 浮力と物体の浮き沈み

・浮力＜重力：物体は 沈む 。

・浮力＞重力：物体は 浮く 。

・浮力＝重力：物体は浮いて静止する。

💡 浮力の大きさは，水中の物体の 体積 が大きいほど，大きい。

❸ 力の合成

□ 力の合成 …2つの力と同じはたらきをする1つの力を求めること。

□ 合力 …力の合成によって求めた1つの力。

□同じ向きの2力の合成　　　　□反対向きの2力の合成

合力 $F=\boxed{F_1+F_2}$

力の向きは2力と同じ。

合力 $F=\boxed{F_2-F_1}$

向きは力の大きいほうの向き。

□一直線上にない2力の合成

2力を2辺とする平行四辺形の 対角線

が，2力の合力となる。これを，

力の平行四辺形の法則 という。

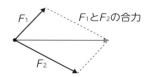

❹ 力の分解

□ 力の分解 …1つの力を，同じはたらきをする2つの力に分けること。

□ 分力 …力の分解によって求めた2つの力。

□力の分解の方法…分解しようとする力
（F）を対角線とする 平行四辺形 をか
いたとき，平行四辺形のとなり合う2
辺（F_1，F_2）が分力となる。

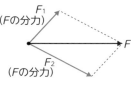

💡 斜面上の物体にはたらく重力Wは，
斜面に平行な力と，斜面に垂直な力
に分解できる。斜面に平行な分力A
は物体を動かそうとする力，斜面に
垂直な分力Bは垂直抗力Nとつり合
う力である。

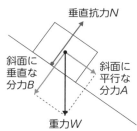

8 物体の運動

❶ 物体の運動の表し方

□物体の運動…運動のようすは，速さと運動の向きで表す。

□速さ…一定時間に移動する距離。

$$速さ[m/s] = \frac{移動距離[m]}{移動にかかった時間[s]}$$

□平均の速さ…物体がある時間，一定の速さで移動したと考えたときの速さ。

□瞬間の速さ…時間の変化に応じて刻々と変化する速さ。

💡 自動車のスピードメーターに表示される速さは，瞬間の速さである。

❷ 力を受けないときの運動

□等速直線運動…一定の速さで，一直線上を動く運動。力を受けていない場合や，はたらいている力の合力が 0 N の場合，物体は等速直線運動をする。

●記録テープの記録

速さが変わらない運動なので記録は等間隔になる。

```
・    ・    ・    ・    ・    ・
```

□等速直線運動では，移動した距離は運動した時間に比例する。

移動距離[m]＝速さ[m/s]×時間[s]

□慣性の法則…物体に力がはたらかない場合，静止している物体は静止し続け，動いている物体は等速直線運動を続ける。物体のもつこのような性質を慣性という。

❸ 力を受け続けるときの運動

☐物体は一定の力を受け続けると，速さが一定の割合で変化する運動をする。

☐斜面を下る物体の運動…重力の斜面に平行な分力がはたらき続けるので，速さが速くなる運動をする。

・速さは時間に比例する。

・斜面が急になると，斜面に平行な分力が大きくなるので，速さのふえ方が大きくなる。

☐自由落下…斜面の傾きが最大(90°)になったときの運動。加わる力が最も大きくなり，速さのふえ方も大きくなる。

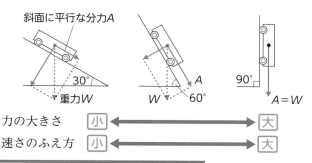

斜面に平行な分力A

30°　重力W

A　W　60°

90°　A＝W

力の大きさ　小 ⟷ 大
速さのふえ方　小 ⟷ 大

❹ 物体間の力のおよぼし合い

☐力は，2つの物体間で対になってはたらく。このとき，物体に加えた力を作用，力を加えた物体から受ける力を反作用という。

☐作用・反作用の法則…ある物体が別の物体に力を加えたとき，別の物体からは大きさが等しく，一直線上にあり，向きが反対の力を受けること。

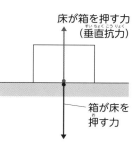

床が箱を押す力
（垂直抗力）

箱が床を押す力

9 仕事とエネルギー

① 仕事

□ 物体に力を加え、力の向きに動かしたとき、力は物体に 仕事 を
したという。

□ 仕事 [J]＝力の大きさ [N]×力の向きに動いた距離 [m]

仕事の単位は ジュール [J]。

💡 物体に力を加えても物体が動かないときは、仕事をしたことに
ならない。

□ 仕事の原理 …物体に対する仕事の大きさは、道具を使っても使わ
なくても変わらない。

〈直接持ち上げる〉　　〈動滑車を使って持ち上げる〉

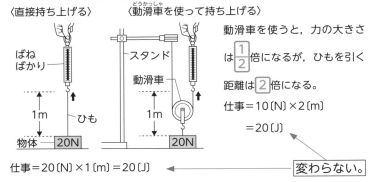

ばね
ばかり

スタンド

動滑車

1m　ひも

1m

物体 20N

20N

動滑車を使うと、力の大きさ
は $\dfrac{1}{2}$ 倍になるが、ひもを引く

距離は 2 倍になる。

仕事＝10 [N]×2 [m]

＝20 [J]

仕事＝20 [N]×1 [m]＝20 [J]　← 変わらない。

② 仕事率

□ 仕事率 …単位時間(1秒)にする仕事。単位は ワット [W]。

$$仕事率 [W] ＝ \frac{仕事 [J]}{仕事にかかった時間 [s]}$$

💡 仕事率の単位は電力の単位と同じで、電力は電気による仕事率
を表している。

❸ 位置エネルギーと運動エネルギー

☐ 位置エネルギー …高いところにある物体がもっているエネルギー。

・物体の高さが 高い ほど大きい。

・物体の質量が 大きい ほど大きい。

☐ 運動エネルギー …運動している物体がもっているエネルギー。

・物体の速さが 大きい ほど大きい。

・物体の質量が 大きい ほど大きい。

❹ 力学的エネルギー保存の法則

☐ 力学的エネルギー …位置エネルギーと運動エネルギーの和。

☐ 力学的エネルギー保存の法則 …外部からの摩擦や空気の抵抗が

なければ，力学的エネルギーは一定に保たれる。

☐ 振り子の運動

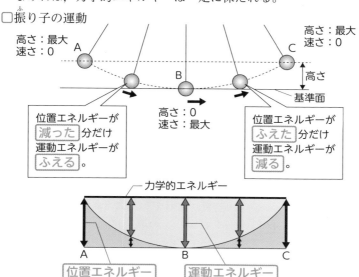

高さ：最大
速さ：0　A

高さ：最大
速さ：0　C

B

高さ

基準面

高さ：0
速さ：最大

位置エネルギーが
減った 分だけ
運動エネルギーが
ふえる 。

位置エネルギーが
ふえた 分だけ
運動エネルギーが
減る 。

力学的エネルギー

A　　　　B　　　　C

位置エネルギー　　運動エネルギー

実際には，物体が運動するときに摩擦や空気の抵抗がはたらき，力学的エネルギーは熱や音などのエネルギーに変わり，減少する。

81

理科

10 いろいろなエネルギー

❶ いろいろなエネルギー

□ エネルギー …物体に対して仕事をする能力。単位は ジュール [J]。

□エネルギーの種類

エネルギーの種類	特徴と例
電気エネルギー	・電気がもつエネルギー。 例：モーターに電流を流すと，モーターが回転して物体を動かすことができる。
弾性エネルギー	・変形した物体がもつエネルギー。 例：ゴムやばねなどの変形した物体がもとの形にもどろうとするときに，他の物体を動かすことができる。
熱エネルギー	・熱がもつエネルギー。
音エネルギー	・音がもつエネルギー。 例：スピーカーから出た音は，近くの物体を振動させる。
光エネルギー	・光がもつエネルギー。
化学エネルギー	・物質がもっているエネルギー。 例：ガソリンの燃焼によって，熱や光が発生する。
核エネルギー	・原子核のつくりが変化するときに発生するエネルギー。

82

❷ エネルギーの移り変わり

☐エネルギーはたがいに移り変わる。

例：扇風機…電気エネルギー→運動エネルギー

光電池…光エネルギー→電気エネルギー

アイロン…電気エネルギー→熱エネルギー

光合成…光エネルギー→化学エネルギー

❸ エネルギーの保存

☐エネルギーの変換(へんかん)…エネルギーは変換されるとき，目的以外のエネルギーにも変換されてしまう。

☐エネルギーの変換効率(へんかんこうりつ)…もとのエネルギーから目的のエネルギーに変換された割合。

💡 LED電球は，白熱電球に比べて発熱量が少なく，電気エネルギーを光エネルギーに変換する割合が多いので，エネルギーの変換効率がよい。

☐エネルギー保存の法則(ほうそく)…目的以外のエネルギーに変換されたものもふくめると，エネルギーの変換の前後でエネルギーの総量は変わらない。

❹ 熱の伝わり方

☐熱伝導(伝導)(ねつでんどう(でんどう))…温度の異なる物体が接しているとき，高温の部分から低温の部分へ熱が伝わる現象。

☐対流(たいりゅう)…場所によって温度が異なる液体や気体が流動して，熱が伝わる現象。

☐熱放射(放射)(ねつほうしゃ(ほうしゃ))…熱をもった物体が熱を放出する現象。離れたところにある物体がその熱を受けとることで，熱が伝わる。

11 天体の動き①

① 太陽の1日の動き

☐ 地球の自転 …地球が北極と南極を結ぶ線(地軸)を中心に, 1日に1回転すること。

☐ 太陽の日周運動 …地球の自転によって起こる, 太陽の1日の見かけの動き。太陽は朝, 東からのぼり, 南で最も高くなり, 夕方西に沈む。

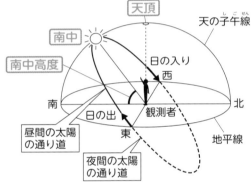

☐ 天球 …天体の位置や動きを表すのに使われる, 見かけ上の球形の天井。

☐ 天頂 …天球面上における, 観測者の真上の点。

☐ 南中 …太陽が真南(南側の天の子午線上)にきたときのこと。

☐ 南中高度 …南中したときの太陽の高度。太陽の高度は, 南中したときが最も高くなる。

💡 透明半球を使って太陽の観測を行うと, 太陽の位置が時刻ごとに等間隔になることから, 太陽の動く速さは 一定 であることがわかる。

❷ 星の1日の動き

☐ 星の日周運動…地球の自転によって起こる，星の1日の見かけの動き。北の空の星は，北極星を中心に 反時計 回りに回っている。

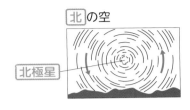

北 の空

北極星

東 の空

南 の空

西 の空

☐ 地球は地軸を中心に，1日に1回転，24時間で360°回転するので，1時間あたりでは 15° 回転することがわかる。

💡 地軸の延長線上にあるため，北極星はほとんど動かない。

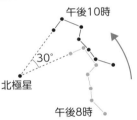

午後10時

30°

北極星

午後8時

❸ 緯度による星の日周運動のちがい

☐ 地球は球形をしているので，緯度が変わると見える範囲が変わり，星の動き方も変わる。

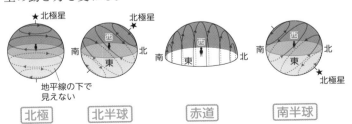

★北極星　北極星★

西
南　　　北
東

地平線の下で見えない

北極 　北半球 　赤道 　南半球

★北極星

85

12 天体の動き②

❶ 星の1年の動き

□ 公転 …天体が他の天体のまわりを回ること。

□ 地球の公転 …地球が1年に1回，太陽のまわりを 反時計 回り
に回ること。

💡 1年(365日)で1回転(360°)なので，1日では約1°，1か月
では約 30° 動く。

□ 星の年周運動 …地球の公転によって起こる，星の1年間の見かけ
の動き。

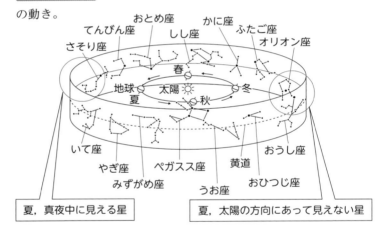

てんびん座　おとめ座　かに座
さそり座　　しし座　ふたご座
　　　　　　　　　オリオン座
春
地球　太陽　冬
夏　　　秋
いて座
やぎ座　　ペガスス座　黄道　おうし座
みずがめ座　うお座　おひつじ座

| 夏，真夜中に見える星 | 夏，太陽の方向にあって見えない星 |

💡 季節によって，観察することができる星は移り変わっていく。

□ 星座の見かけの動き…地球は，1か月に約30°公転する。

　→1か月後の真夜中には星は 西 に約 30° 移動したように見える。

□ 太陽の見かけの動き…星座の位置を基準にすると，地球の公転に
よって，星座の間を動いているように見える。

□ 黄道 …天球上での太陽の通り道。

86

❷ 季節の変化

□ 地軸 の傾き…地球は，地軸を公転面に垂直な方向に対して，約 23.4° 傾けたまま，公転している。そのため，太陽の光の当たり方が変わり，太陽の南中高度や昼の長さが変化する。

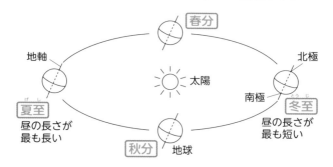

□昼と夜の長さ…昼の長さが 長い 夏ほど，太陽の光エネルギーを受けとる時間が 長く なる。

□南中高度…太陽の南中高度が垂直に近い 夏 ほど，単位面積あたりに地面が受ける光の量が 多く なる。

□季節の変化…1年を通して，太陽から受けとる光エネルギーの量が変わることで気温が変化し，季節の変化が生じる。

💡春分と秋分は，太陽の光が当たる方向に対して地軸の傾きが 0°
になるので，太陽は真東からのぼり真西に沈み，昼と夜の長さはほぼ同じになる。

季節	夏	冬
昼の長さ	長い	短い
南中高度	高い	低い
太陽から受けとる光エネルギー	多い	少ない
気温	高い	低い

理科

13 月と金星の動きと見え方

① 月の満ち欠け

- □ 月 …地球のまわりを約1か月かけて公転している天体。みずから光を出さず，太陽の光を反射してかがやいている。

- □ 月の満ち欠け …月の見かけの形の変化。月の 公転 によって，太陽，月，地球の位置関係が変わることで，月の見え方が変化する。

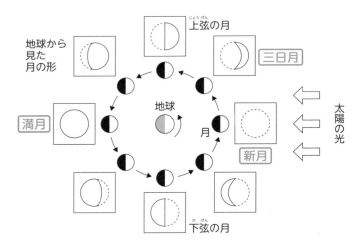

- 💡 月が公転することで，地球から見た太陽の光が当たっている部分の見え方が変わるので，月が満ち欠けして見える。

- □ 月の満ち欠けにかかる時間…満月から次の満月まで，約 29.5 日かかる。

- □ 月の見られる位置…同じ時刻に観察すると， 西 から 東 へ移動する。

- 💡 1日につき約12°西から東へ移動して見える。

❷ 日食と月食

▢ 日食 …太陽が月にかくされる現象。太陽-月-地球の順に一直線上に並んだときに起こる。全体がかくされることを 皆既日食 ，一部がかくされることを 部分日食 という。

▢ 月食 …月が地球の影に入る現象。太陽-地球-月の順に一直線上に並んだときに起こる。全体が地球の影に入ることを 皆既月食 ，一部が入ることを 部分月食 という。

❸ 金星の見え方

▢ 惑星 …太陽のまわりを公転し，太陽の光を反射してかがやいている天体。

▢ 金星 …地球の公転軌道よりも内側を公転する天体の1つ。地球から見ると太陽に近い方向にあるので，真夜中に見ることはできず，夕方の西の空か明け方の東の空に見える。

💡 地球から離れるほど大きさは小さくなり，欠け方も小さくなる。

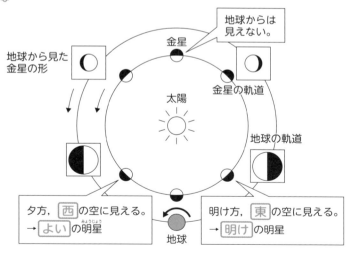

89

14 宇宙の広がり

① 太陽のすがた

□ 恒星 … みずから光や熱を出してかがやいている天体。

□ 太陽 … 恒星で, おもに水
素からなる高温の気体ででき
た天体。直径は地球の約
109倍(約140万km)。

プロミネンス

コロナ

表面(約6000℃)

黒点

中心部(約1600万℃)

□ 太陽の黒点の観察

・黒点が少しずつ移動する。→太陽は 自転 している。

・中央部で円形の黒点が, 周辺部では縦長になる。

　→太陽は 球 形である。

💡 黒点は, まわりより温度が 低い ので, 暗く見える。

② 太陽系

□ 太陽系 … 太陽とそのまわりを公転している天体の集まり。

□ 惑星 … 恒星のまわりを公転し, みずから光を出さず恒星の光を
反射して光る天体。太陽系の惑星は8個で, 地球と同じ向きに公
転している。

□ 地球型惑星 … おもに岩石でできていて, 小型で密度が大きい惑
星。水星, 金星, 地球, 火星。

□ 木星型惑星 … おもに水素やヘリウムなどの気体でできていて,
大型で密度が小さい惑星。木星, 土星, 天王星, 海王星。

90

□太陽系の惑星

惑星	特徴
水星	太陽系で最も太陽に近い惑星。
金星	大気の主成分は二酸化炭素で，厚い硫酸の雲におおわれている。
火星	赤い土でおおわれている。
木星	太陽系では質量が最大の惑星。
土星	円盤のような環が見える。

□太陽系の小天体

- 小惑星 …太陽のまわりを公転していて，多くは火星と木星の間にある。

- 衛星 …月のように，惑星のまわりを公転する天体。

- すい星 …氷や小さな岩石の粒が集まってできた天体。太陽に近づくと，長い尾をつくることがある。

- 太陽系外縁天体 …おもに，海王星より外側を公転する天体。冥王星などがある。

❸ 宇宙の広がり

□恒星の距離…光が1年間に進む距離を単位とした 光年 で表す。

□恒星の明るさ… 等級 で表す。肉眼で見える最も暗い恒星が6等級，その100倍の明るさが1等級である。

□ 銀河 …恒星が無数に集まってできた恒星の大集団。

□ 銀河系 …太陽系をふくむ数千億個の恒星がつくる銀河。うずを巻いた円盤状をしている。

💡 銀河系には， 星団 とよばれる恒星の集団や， 星雲 とよばれる雲のようなガスの集まりもある。

15 自然・科学技術と人間

❶ 生物どうしのつながり

☐ 生態系…ある場所で生活する生物と，それを取り巻く環境を1つのまとまりとしてとらえたもの。

☐ 食物連鎖…生物どうしの間の食べる・食べられるの関係。

☐ 食物網…食物連鎖が複雑にからみ合い，網の目のようになっていること。

☐ 生産者…光合成を行い，有機物をつくり出すことができる生物。

☐ 消費者…ほかの生物を食べて有機物を得る生物。

☐生物の数量的な関係…食べるものより食べられるものの数が 多い 。数量的な関係を図に表すと，ピラミッド形になる。

💡一時的に生物の数量の関係がくずれても，やがてもとの関係にもどる。

肉食動物
草食動物
植物

❷ 生物を通しての物質の循環

☐ 分解者…生物の遺がいやふんなどの有機物から養分をとり入れ，無機物に分解するはたらきに関わる生物。

☐ 微生物…肉眼では見ることができない小さな生物。菌類，細菌類がいる。

☐ 菌類…カビやキノコなど。

☐ 細菌類…大腸菌，乳酸菌，納豆菌など。

③ エネルギー資源とその利用

☐電気エネルギーの利用

・送電線を使って簡単に輸送できる。

・いろいろなエネルギーに変換しやすい。

☐電気エネルギーのつくり方

発電	特徴
水力発電	ダムにためた水を落下させて，発電機を回転させる。二酸化炭素などの排出はないが，設置場所が限られる。 位置エネルギー→電気エネルギー
火力発電	化石燃料を燃焼させて水蒸気をつくり，発電機を回転させる。化石燃料の大量消費により，二酸化炭素が排出される。 化学エネルギー→熱エネルギー 　　　　　　　→電気エネルギー
原子力発電	ウランなどが核分裂するときのエネルギーで水蒸気をつくり，発電機を回転させる。大きなエネルギーが得られるが，放射線の厳しい管理が必要である。 核エネルギー→熱エネルギー→電気エネルギー

☐再生可能エネルギー…環境を汚す恐れが少なく，いつまでも利用できるエネルギー。

☐再生可能エネルギーを使った発電…太陽光発電，地熱発電，風力発電，バイオマス発電など。

理科

1・2年のまとめ

❶ 植物の特徴と分類

□おしべの先端にある，花粉が入っている袋状の
　ものを何というか。

やく

□花粉がめしべの柱頭につくことを何というか。

受粉

□受粉すると，胚珠は何になるか。

種子

□花弁が1枚1枚離れている花を何というか。

離弁花

□花弁がたがいにくっついている花を何というか。

合弁花

□子房がなく，胚珠がむき出しの植物を何というか。

裸子植物

□子葉が2枚の植物のなかまを何というか。

双子葉類

□単子葉類に見られる根を何というか。

ひげ根

□種子をつくらず，根・茎・葉の区別がある植物
　を何植物というか。

シダ植物

□種子をつくらない植物は何でなかまをふやすか。

胞子

❷ 動物の特徴と分類

□背骨をもつ動物を何というか。

脊椎動物

□水中で生活をする動物の呼吸器官は何か。

えら

□子と成体で呼吸のしかたが変わるのは何類か。

両生類

□卵を産むなかまのふやし方を何というか。

卵生

□雌が体内である程度育ててから子を産むなかま
　のふやし方を何というか。

胎生

□背骨をもたない動物を何というか。

無脊椎動物

□体の外側をおおう外骨格をもち，体やあしが多
　くの節に分かれている動物を何というか。

節足動物

94

❸ いろいろな物質の性質

□炭素をふくみ，燃やすと二酸化炭素と水が発生 | 有機物 |
　する物質を何というか。

□物質 1cm³ あたりの質量を何というか。 | 密度 |

❹ 気体とその性質

□石灰石にうすい塩酸を加えると発生する気体は | 二酸化炭素 |
　何か。

□ものを燃やすはたらきがある気体は何か。 | 酸素 |

□水にとけにくい気体を集める方法を何というか。 | 水上置換法 |

□アンモニアはどのような方法で集めるか。 | 上方置換法 |

❺ 水溶液の性質

□物質が限度までとけている水溶液を何というか。 | 飽和水溶液 |

□100g の水にとける物質の質量の限度を何とい | 溶解度 |
　うか。

□固体の物質を一度水にとかし，再び結晶として | 再結晶 |
　とり出すことを何というか。

❻ 物質のすがた

□物質が温度により，固体，液体，気体とすがた | 状態変化 |
　を変えることを何というか。

□固体がとけて液体になるときの温度を何というか。 | 融点 |

□液体が沸騰して気体になるときの温度を何とい | 沸点 |
　うか。

□液体を加熱して沸騰させ，出てくる気体を冷や | 蒸留 |
　して再び液体にして集める方法を何というか。

□1 種類の物質でできているものを何というか。 | 純粋な物質(純物質) |

理科

❼ 光による現象

□光が鏡などの面に当たり, はね返って進むこと を何というか。 光の反射

□光が反射するとき, 入射角と反射角にはどのような関係があるか。 等しい

□光が異なる物質中に進むとき, その境界面で折れ曲がって進むことを何というか。 光の屈折

□凸レンズを通った光軸に平行な光が集まる点を何というか。 焦点

□凸レンズを通った光が実際に集まってできる像を何というか。 実像

□光が集まらず, 凸レンズを通して見える見かけの像を何というか。 虚像

❽ 音による現象

□音源の振動の振れ幅を何というか。 振幅

□一定時間に音源が振動する回数を何というか。 振動数

□振動数が多いほど, どのような音になるか。 高い音

❾ 力のはたらき

□変形した物体がもとにもどろうとする力は何か。 弾性力(弾性の力)

□力の3つの要素とは, 力の向き, 力の大きさと何か。 作用点

□ばねののびは, ばねを引く力の大きさに比例することを何の法則というか。 フックの法則

□1つの物体に2つ以上の力がはたらいていて, その物体が動かないとき, 物体にはたらく力はどうなっているというか。 つり合っている

⑩ 火山と岩石

□地下深くにある岩石がとけた高温の物質は何か。 マグマ

□マグマが地下深くでゆっくり冷え固まってできた火成岩を何というか。 深成岩

□火山岩はどのようなつくりをしているか。 斑状組織

⑪ 地震

□地震が発生した地下の地点を何というか。 震源

□地震で，初めに伝わる小さなゆれを何というか。 初期微動

□地震で，後からくる大きなゆれを何というか。 主要動

□震源からの距離が長くなると，初期微動継続時間はどうなるか。 長くなる

□地震の規模を表す値を何というか。 マグニチュード

□地震のゆれの大きさを表す値を何というか。 震度

⑫ 地層と大地の変化

□気温の変化や水などのはたらきで，岩石の表面がもろくなってくずれることを何というか。 風化

□堆積した地層が，長い年月の間に押し固められてできた岩石を何というか。 堆積岩

□地層が堆積した当時の環境を知る手がかりになる化石を何というか。 示相化石

□地層ができた時代を推定することができる化石を何というか。 示準化石

□地層が大きな力を受けて，断ち切られてずれた地形を何というか。 断層

□地層が横から大きな力を受けて，曲げられた地形を何というか。 しゅう曲

97

ⓓ 化学変化と化学反応式

□1種類の物質が2種類以上の物質に分かれる化学変化を何というか。| 分解 |

□物質をつくる最小の粒子(りゅうし)を何というか。| 原子 |

□物質を構成する原子の種類を何というか。| 元素 |

□水素を表す元素記号を答えなさい。| H |

□水素分子を表す化学式を答えなさい。| H_2 |

□水素と酸素が結びつく反応を化学反応式で表しなさい。| $2H_2 + O_2 \rightarrow 2H_2O$ |

ⓔ 酸化と還元

□物質が酸素と結びつく反応を何というか。| 酸化 |

□物質から酸素がとり除かれる反応を何というか。| 還元 |

□物質が激しく熱や光を出しながら酸素と結びつく反応を何というか。| 燃焼 |

□化学変化のときに熱を吸収し,まわりの温度が下がる反応を何というか。| 吸熱反応 |

ⓕ 化学変化と物質の質量

□化学変化の前後で,関係する物質全体の質量は変化しないという法則を何というか。| 質量保存の法則 |

□金属の質量と結びつく酸素の質量の間にはどのような関係があるか。| 比例の関係 |

ⓖ 生物と細胞

□1つの細胞(さいぼう)に1個ある,染色液によく染まる球形のつくりを何というか。| 核 |

□植物の細胞にだけある緑色の粒(つぶ)を何というか。| 葉緑体 |

⑰ 植物の体のつくりとはたらき

□根から吸い上げられた水や養分の通り道を何と
いうか。 | 道管

□葉でつくられた栄養分の通り道を何というか。 | 師管

□植物が光を受けて栄養分をつくるはたらきを何
というか。 | 光合成

□根から吸い上げられた水が，からだの表面にある
気孔から水蒸気になって出ることを何というか。 | 蒸散

理科

⑱ 動物の体のつくりとはたらき

□消化液にふくまれ，栄養分を分解するはたらき
をするものを何というか。 | 消化酵素

□分解された栄養分は小腸の壁にある何というと
ころから吸収されるか。 | 柔毛

□全身に血液を送り出す器官は何か。 | 心臓

□心臓から出た血液が全身をめぐり，再び心臓に
もどる道すじを何というか。 | 体循環

□不要物を体の外に出すはたらきを何というか。 | 排出

□外界の刺激を受けとる器官を何というか。 | 感覚器官

□判断や命令を行う神経を何というか。 | 中枢神経

□体の内部にある骨格を何というか。 | 内骨格

⑲ 大気中の水の変化

□空気 $1m^3$ にふくむことができる水蒸気の最大
量を何というか。 | 飽和水蒸気量

□空気中の水蒸気が凝結し始めるときの温度を何
というか。 | 露点

□雲はどのような気流が起こるときにできるか。 | 上昇気流

⑳ 大気の動きと天気の変化

☐寒気が暖気の下にもぐりこむようにして進む前 　寒冷前線
線を何というか。

☐暖気が寒気の上をはい上がるようにして進む前 　温暖前線
線を何というか。

☐季節に特徴的にふく風を何というか。 　季節風

☐冬の天気に特徴的な気圧配置を何というか。 　西高東低

㉑ 電流の性質

☐電流は電圧に比例することを表す法則は何か。 　オームの法則

☐電流と電圧の積で表される量を何というか。 　電力

☐電気器具などが電流によって消費した電気エネ 　電力量
ルギーの量を何というか。

㉒ 電流の正体

☐2種類の物体をこすり合わせたときに生じる電 　静電気
気を何というか。

☐物体にたまっていた静電気が流れ出す現象を何 　放電
というか。

㉓ 電流と磁界

☐まっすぐな導線に電流を流すと，導線のまわり 　同心円状の磁界
にはどのような磁界ができるか。

☐磁石をコイルの中に出し入れしたとき，コイル 　電磁誘導
の中の磁界が変化して電流が流れる現象を何と
いうか。

☐流れる向きや大きさが周期的に変化する電流を 　交流
何というか。

社　会

スマホで一問一答！

① 第一次世界大戦

□ 三国同盟 と三国協商の対立
に，バルカン半島の民族間の
対立が加わった。

▼第一次世界大戦前の様子

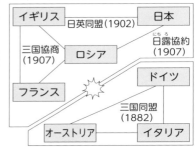

→ 1914年，オーストリア皇太
子夫妻の暗殺をきっかけに，
第一次世界大戦 が開戦。

💡 バルカン半島は，「ヨーロッ
パの火薬庫」とよばれた。

□第一次世界大戦は，国民や資源，経済などを総動員した 総力戦
となり，戦車や毒ガス，潜水艦といった新兵器が登場した。

□日本は， 日英同盟 に基づいて，ドイツに宣戦布告した。

□1917年， アメリカ が参戦し，1918年，ドイツが降伏して終戦した。

② ロシア革命

□1917年，社会主義者の レーニン がロシア革命を指導し，史上
初の社会主義政府が成立。

□イギリスやフランス，アメリカ，日本などの政府は シベリア出兵
を行ってロシア革命に干渉した。

→ 1922年， ソビエト社会主義共和国連邦 (ソ連)が成立。

💡 ソ連は共産主義の実現をめざした。

□1928年から，スターリンが 五か年計画 による，重工業の強化
と農業の集団化を実施した。

③ 国際協調

☐1919 年，パリ講和会議が開かれ，ベルサイユ条約が結ばれた。
  →ドイツはすべての植民地と本国の一部を失い，多額の賠償金が
  課された。

💡アメリカのウィルソン大統領は，民族自決の原則を提唱した。

☐1920 年，国際連盟が発足し，世界平和と国際協調を求めた。

💡常任理事国は，イギリス・フランス・イタリア・日本。アメリ
  カは不参加。

☐1921 ～ 1922 年，ワシントン会議が開かれ，海軍の軍備縮小や
  太平洋地域の維持，中国の独立，日英同盟の解消などが決定した。

☐民主主義の高まり…1919 年，ドイツで，世界で初めて社会権を
  保障したワイマール憲法が制定された。

④ アジアにおける民族運動

☐日本…1915 年，中国に対して
  二十一か条の要求を提出し，認
  めさせた。

☐中国…パリ講和会議で山東省の返
  還を要求したが，拒否された。
  → 1919 年，北京の学生を中心に，
  五・四運動が起こった。

▼二十一か条の要求

・ドイツがもつ山東省の
  権益を引きつぐ。
・日露戦争で獲得した旅
  順・大連の租借期限を
  延長する。

☐朝鮮…1919 年３月１日，日本からの独立を求めて
  三・一独立運動が起こり，朝鮮総督府が武力で鎮圧した。

☐インド…ガンディーの指導のもと，イギリスに対する非暴力・
  不服従の抵抗運動が起こった。

社会

2 大正時代②

❶ 大正デモクラシー

- [第一次護憲運動]…藩閥をたおして，憲法に基づく政治を守る運動。→藩閥政府であった桂太郎内閣が退陣。

- 第一次世界大戦中，日本は [大戦景気]で好況だった。
  - →その後物価が上がり，民衆の生活が苦しくなった。

▼産業別生産額の変化

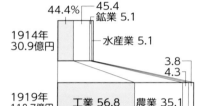

(「日本資本主義発達史年表」)

- 1918年，シベリア出兵を見こした米の買いしめから米価が高騰。→米の安売りを求めて[米騒動]が起こった。

- 1918年，[原敬]が本格的な政党内閣を組織した。

- [大正デモクラシー]…民主主義を求めた大正時代の風潮。

💡吉野作造は[民本主義]，美濃部達吉は[天皇機関説]を説いた。

❷ 社会運動の広がり

- 労働者がストライキなどを行う[労働争議]や，農村で小作料の減額などを求める[小作争議]が増加。

- 1922年，[全国水平社]が結成。
  - →部落差別からの解放をめざした。

- [平塚らいてう]と市川房枝らが新婦人協会を設立。
  - →女性差別からの解放をめざした。

▼水平社宣言

> 人の世に熱あれ，人間に光あれ
>
> （部分要約）

❸ 普通選挙の実施

□1925 年，普通選挙法を制定。

💡納税額による制限を廃止し，満
25歳以上の男子に選挙権を
あたえた。

□普通選挙法と同じ年，治安維持法
を制定。共産主義などを取り締まっ
た。

▼有権者数の変化

(総務省資料ほか)

❹ 大正時代の社会

□教育が普及し，小学校の就学率はほぼ100%となった。

□メディアの発達

・新聞や雑誌の発行部数が増加。

・1925 年，ラジオ放送が開始し，全国に普及。

・国産の活動写真(映画)や蓄音機，レコードが広まった。

□文学

志賀直哉	白樺派の作家で，「暗夜行路」などを書いた。
芥川龍之介	「羅生門」などを書いた。
小林多喜二	プロレタリア文学作家で，「蟹工船」などを書いた。

□都市では，ガス・水道・電気が普及した。

□バスガールや電話の交換手など，女性の社会進出が進んだ。

□1923 年，関東大震災が発生し，東京・横浜を中心に大きな被
害を受けた。

→復興とともに，東京や横浜が近代的な都市に発展した。

105

① 世界恐慌

□1929年，ニューヨークの株式市場で株価が大暴落。
→恐慌が世界中に広がり，世界恐慌 が始まった。

□アメリカ…農業や工業の生産を調整し，積極的に公共事業を行う ニューディール (新規まき直し)政策を行った。

▼鉱工業生産の変化

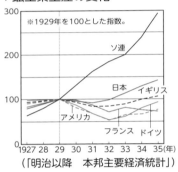

※1929年を100とした指数。

（「明治以降　本邦主要経済統計」）

□イギリス・フランス…本国と植民地との関係を密接にし，他国からの輸入品に多額の関税をかけた(ブロック経済)。

□イタリア・ドイツ・日本…ブロック経済圏をつくるため，新たな植民地の獲得を始めた。

□ソ連…「 五か年計画 」により，世界恐慌の影響を受けなかった。

② ファシズムの台頭

□ ファシズム …競争に打ち勝った指導者に従い，反対勢力を徹底的に弾圧する独裁政治。

💡個人の自由や民主主義を否定する全体主義に基づく。

□イタリア…ファシスト党を率いる ムッソリーニ が独裁を行い，エチオピアを侵略，併合した。

□ドイツ…第一次世界大戦後，経済が混乱した。 ナチス (国民社会主義ドイツ労働者党)を率いる ヒトラー が独裁を行い，1933年，国際連盟を脱退し，軍備の増強を進めた。

❸ 昭和恐慌と政党政治の行きづまり

☐ 憲政の常道 …二大政党の党首が内閣を組織する慣例。

　→経済や外交での問題から，次第に行きづまるようになった。

☐ 関東大震災のあと，1927年，金融恐慌 が起こった。

☐ 1930年ごろから 昭和恐慌 が起こり，多くの企業が倒産した。農村では，農産物の価格が下落し，労働争議や小作争議が増加した。

💡 世界恐慌の影響を強く受けた。

❹ 満州事変

☐ 満州事変 …1931年，奉天郊外の柳条湖で，関東軍が南満州鉄道を爆破し，軍事行動を開始。→1932年，満州国 を建国した。

💡 満州国の元首は，清の最後の皇帝 溥儀。

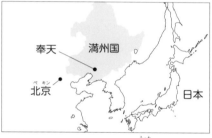

▼満州国の範囲

奉天　満州国

北京

日本

☐ 中国は 国際連盟 に，日本の軍事行動は侵略であると訴え，国際連盟は満州国を認めず，撤兵を求める勧告を出した。

　→日本は反発し，1933年，国際連盟を脱退。

❺ 軍国主義の高まり

☐ 五・一五事件 …1932年5月15日，海軍の青年将校が首相官邸をおそい，犬養毅 首相を暗殺した事件。

☐ 二・二六事件 …1936年2月26日，陸軍の青年将校が東京の中心部を占拠した事件。

　→軍部の政治的発言力が強まり，軍備の増強が進んだ。

社会

4 昭和時代②

❶ 日中戦争

☐中国では，毛沢東 率いる共産党と，蔣介石 率いる国民党が対
立していたが，日本の侵略を機に内戦を停止した。

☐1937 年，北京郊外の盧溝橋で日中両国軍が武力衝突。

→ 日中戦争 が開戦。

☐日本の戦時体制

・1938 年，国家総動員法 を制定。

→議会の承認なく労働力や物資を動員できるようになった。

・1940 年，政党を解散し，大政翼賛会 にまとめられた。

・米，砂糖，マッチ，衣類などを 配給制 や切符制にした。

☐朝鮮では，皇民化政策 を実施。

❷ 第二次世界大戦

☐1939 年，ドイツがソ連と 独ソ不可侵条約 を結び，ポーランド
へ侵攻。

→ 第二次世界大戦 が開戦。

☐1940 年，ドイツ・イタリア・日本が 日独伊三国同盟 を結んだ。

☐1941 年，アメリカ・イギリスが 大西洋憲章 を発表し，反ファ
シズムを掲げた。

☐ヨーロッパ各地でドイツへの抵抗運動(レジスタンス)が起こった。

❸ 太平洋戦争

☐日中戦争の長期化により，日本は資源が不足。

→ 1941 年，日ソ中立条約 を結び，フランス領インドシナへ侵
攻した。

□アメリカ・イギリス・中国・オランダは，日本への石油輸出を禁止し，経済制裁を行った。（ＡＢＣＤ包囲陣）

→ 東条英機 内閣と軍部は，アメリカとの開戦を決定した。

□1941年12月8日，日本はハワイの真珠湾を奇襲し，イギリス領マレー半島に上陸。

→ 太平洋戦争 が開戦。

💡 開戦当初，日本は侵略を進め， 大東亜共栄圏 の建設を唱えたが，ミッドウェー海戦での敗北により，不利となった。

▼太平洋戦争の様子

←日本軍の攻撃進路
○日本軍が最も進出した地域

ハワイ

マレー半島

□戦時下の日本の様子

・ 学徒出陣 …文科系の大学生などを軍隊に召集した。

・ 勤労動員 …中学生や女学生などを軍需工場で働かせた。

・ 疎開 …都市の小学生が，農村に集団で避難した。

④ 終戦

□1943年9月に イタリア が，1945年5月に ドイツ が降伏した。

□1945年3月， 東京大空襲 で焼夷弾による無差別爆撃を受けた。

□1945年3月， 沖縄 にアメリカ軍が上陸した。

□1945年8月6日広島，8月9日長崎に 原子爆弾 が投下された。

□1945年8月14日，日本は ポツダム宣言 を受諾。

→ 8月15日，国民に終戦が伝えられた。

▼原爆ドーム

5 昭和時代③

❶ 占領下の日本の様子

☐日本は，植民地をすべて失い，沖縄・奄美群島（あまみ）・小笠原諸島（おがさわら）は
  アメリカ 軍の直接統治下に置かれた。

💡物価の上昇（じょうしょう）や失業者の増加，食料の不足など，国民生活は苦し
  いものだった。

☐ マッカーサー を最高司令官とする連合国軍最高司令官総司令部
  （ GHQ ）の指令に従って，日本政府が政策を実施（じっし）した。

☐軍隊は解散され， 極東国際軍事裁判（きょくとう）（東京裁判）で軍や政府の指
  導者が追放された。

❷ 民主化政策

☐ GHQ による民主化政策

・満 20 歳以上（さい）の 男女 に選挙権（ばっ）
  をあたえた。

・ 財閥解体 …日本の経済を支配
  してきた財閥を解体した。

・労働組合法・ 労働基準法 を制
  定し，労働者を保護した。

・ 農地改革 …自作農を増やした。

▼自作地と小作地の変化

1940年		
自作地 54.5%	小作地 45.5	

その他 0.2

1950年	
89.9	9.9

（「完結昭和国勢総覧」ほか）

☐ 日本国憲法 …1946 年 11 月 3 日公布，1947 年 5 月 3 日施行。

💡国民主権，平和主義，基本的人権の尊重が基本原則。

☐ 教育基本法 の制定…民主主義教育の基本を示した。

❸ 国際連合の設立と冷戦

☐1945 年 10 月, [国際連合](国連)が発足した。

💡 常任理事国は, アメリカ・イギリス・フランス・ソ連・中国。

☐戦後, アメリカを中心とする資本主義諸国(西側)と, ソ連を中心とする共産主義諸国(東側)が対立。

→[冷たい戦争(冷戦)]とよばれた。

☐1949 年, ドイツが東西に分かれて独立。資本主義の西ドイツと, 共産主義の東ドイツに分かれ, ベルリンには[ベルリンの壁]がつくられた。

☐1949 年, 西側が[北大西洋条約機構](NATO)を, 1955 年, 東側が[ワルシャワ条約機構]を設立した。

❹ アジア・アフリカの様子

☐1949 年, 毛沢東を主席として[中華人民共和国]が成立し, 蔣介石率いる国民党は, 台湾へ逃げた。

☐朝鮮半島は, 植民地支配からの解放後, 占領された。

南:[大韓民国(韓国)]が成立←アメリカの支援。

北:[朝鮮民主主義人民共和国(北朝鮮)]が成立←ソ連の支援。

☐1950 年, [朝鮮戦争]が開戦し, 1953 年に休戦した。

▼朝鮮半島の様子

中華人民共和国
朝鮮民主主義人民共和国
北緯 38°
大韓民国
日本海

☐第二次世界大戦後, アジアやアフリカでの独立運動が活発化した。特に 1960 年は, アフリカで 17 か国が独立したことから, 「[アフリカの年]」といわれる。

社会

6 昭和時代④

❶ 国際社会への復帰

□朝鮮戦争中，日本はアメリカ軍
へ軍需物資を輸出。 特需景気
となった。

□国内の治安維持のために，
警察予備隊 を設置。
→ 1954 年， 自衛隊 に強化さ
れた。

□1951 年，吉田茂内閣が，アメ
リカなど 48 か国と

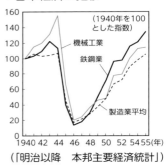

▼日本経済の推移

（「明治以降　本邦主要経済統計」）

サンフランシスコ平和条約 を結んだ。同時に，アメリカと

日米安全保障条約（日米安保条約） を結んだ。

→翌年，日本は独立を回復したが，沖縄や小笠原諸島などはアメ
リカの統治下に置かれたままであった。

💡このとき沖縄などにできたアメリカ軍の基地の中には，現在も
残っているところがある。

□1955 年，自由民主党（自民党）が結成。以降 38 年にわたって，野
党第一党の社会党と対立しながら，政権をとり続ける 55 年体制
となった。

□第五福竜丸が被ばくした事件をきっかけに， 原水爆禁止 運動が
広がった。

□1960 年，岸信介内閣が， 日米安全保障 条約の改定に調印。
→反発が高まり， 安保闘争 が起こった。

112

❷ 緊張緩和と第三世界の台頭

☐1955 年，アジア・アフリカ会議が開かれ，平和共存や植民地
反対，緊張緩和が訴えられた。

☐1962 年，キューバへのミサイル基地設置をめぐり，米ソ間の対立
が激化した（キューバ危機）。解決により，緊張緩和が進んだ。

☐1965 年，アメリカがベトナム戦争に本格介入した。

→世界各地で反戦運動が高まった。

☐1967 年，EC（ヨーロッパ共同体）が結成され，東ヨーロッパ
との関係が改善された。

❸ 日本の外交

☐1956 年，ソ連と日ソ共同宣言を調印し，国交を回復した。

💡日本は，ソ連の支持を受けて，国際連合に加盟した。

☐1965 年，韓国と日韓基本条約を結び，韓国を朝鮮半島唯一の
政府であると認めた。

☐1972 年，中国と日中共同声明を出し，国交を正常化した。
また，1978 年には日中平和友好条約を結んだ。

❹ 沖縄の日本復帰と非核三原則

☐1972 年，佐藤栄作内閣のときに，
沖縄が日本に復帰したが，アメリカ
軍の基地は現在も多く残されている。

☐1968 年，核兵器を「持たず，つくら
ず，持ちこませず」という非核三原則
が国の方針となった。

▼沖縄のアメリカ軍施設

☐ おもなアメリカ軍施設
[2019年3月]

7 昭和時代⑤

❶ 高度経済成長

□1955 年～ 1973 年，日本は，
　高度経済成長 となった。

💡 池田勇人内閣が，「所得
　倍増計画」を掲げた。

▼電化製品の普及率の推移

※1963年以前は都市，それ以降は全世帯
（「家計消費の動向」ほか）

・重化学工業が産業の主軸
　になった。

・エネルギーの中心が，石
　炭から 石油 へ変化。

・三種の神器(電気洗濯機・電気冷蔵庫・白黒テレビ)が国民に普及。

・ 新幹線 や高速道路が開通。

□1964 年， 東京オリンピック・パラリンピック が開催された。

□工業が発展するとともに，
　公害問題 が深刻化。

　→ 1967 年， 公害対策基本法 を
　　制定し，1971 年，環境庁(現在
　　の環境省)が設置された。

□1973 年，第四次中東戦争をきっ
　かけに 石油危機(オイル・ショック)
　が発生。

▼四大公害病

新潟水俣病
イタイイタイ病
四日市ぜんそく
水俣病

　→石油価格が上昇し，不景気となった。

💡 これによって高度経済成長は終わり，日本経済は安定成長へ転
　換した。

❷ 現代の文化

- □言論の自由が回復し，国民に解放感が高まった。
    - ・多くの新聞や雑誌が創刊・復刊された。
    - ・大衆娯楽では，黒澤明監督の映画が高い評価を得た。
- □1953 年，テレビ放送が開始。
    - →高度経済成長期に，大量生産・大量消費の時代となると，コマーシャルで購買意欲をかき立てるようになり，テレビは家族の団らんの中心となった。

💡テレビを通じて，国民が同じ情報を共有できるようになり，生活水準の向上とともに，多くの国民が「中流意識」をもつようになった。

- □1950 年代末から，漫画雑誌や女性誌が広まった。
    - →手塚治虫の「鉄腕アトム」が日本初の本格的なテレビアニメとして放送された。
- □文学の発展
    - …推理小説や歴史小説が人気を集め，純文学では川端康成や大江健三郎など，世界的に評価されノーベル文学賞を受賞する作家も現れた。

▼おもなノーベル賞受賞者

人物	受賞年	受賞部門
湯川秀樹	1949	物理学賞
川端康成	1968	文学賞
佐藤栄作	1974	平和賞
利根川進	1987	生理学・医学賞
大江健三郎	1994	文学賞

- □1990 年代後半から，インターネットが普及し，経済や社会に大きな変化をもたらした。

8 現代社会の日本と世界

❶ 冷戦の終結

☐1970年代以降，国際協調の動きが高まった。

・1975年以降，主要国首脳会議（サミット）を開催。

・1989年，アジア太平洋経済協力会議（ＡＰＥＣ）が発足。

・1993年，ＥＣがヨーロッパ連合（ＥＵ）に発展。

☐1989年，ベルリンの壁が壊され，米ソの首脳が，マルタ島での会談で冷戦の終結を宣言。

→1991年，ソ連が解体された。

☐国家同士の対立や，民族・宗教・文化などのちがいから，地域紛争や，一般市民を巻き込むテロリズムが発生している。

→国連は平和維持活動（ＰＫＯ）を行っている。また，民間の非政府組織（ＮＧＯ）が活躍している。

❷ 冷戦終結後の日本

☐国際平和協力法（ＰＫＯ協力法）に基づき，自衛隊を国連の平和維持活動（ＰＫＯ）に派遣した。

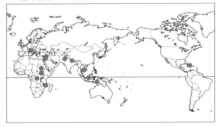
▼自衛隊の派遣地域

☐1993年，55年体制が終わり，非自民連立の細川護熙内閣が成立した。

💡その後，2009年には民主党が政権をとったが，2012年には再び自民党が政権をとっている。

116

□1980年代後半，バブル経済によって株式と土地の価格が異常に高騰した。

　→ 1991年の崩壊後は，平成不況が続いた。

□2008年，世界金融危機が深刻化。

　→日本は，規制緩和や国営事業の民営化などの改革を進めた。

💡現在も，北朝鮮の拉致問題や領土をめぐる問題などがある。

❸ 持続可能な社会に向けて

□グローバル化(世界の一体化)が進み，国境を越えた活動がさかんになっている。

□地球温暖化などの環境問題を解決するために，国際協力が進んでいる。

□1995年，阪神淡路大震災後，ボランティア活動が重要視されるようになり，各地で多くの非営利組織(NPO)が活動している。

□2011年，東日本大震災が発生。福島第一原子力発電所で事故が起こった。

　→原子力発電に代わって，太陽光や地熱などの再生可能エネルギーの導入や普及が進んでいる。

□少子高齢化や貧富の格差，都市と地方の格差などの問題に直面している。

□2015年，国連で持続可能な開発目標(SDGs)が採択され，持続可能な社会に向けた取り組みが進んでいる。

▼日本の人口の推移

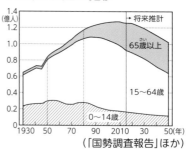

（「国勢調査報告」ほか）

117

9 現代社会とわたしたち

❶ グローバル化

- グローバル化(世界の一体化)…人や物，情報やお金が国境を越えて，世界全体に広がっていくこと。
  - →商品の輸出入が簡単になると国際競争が高まり，競争力が弱い産業を他国に頼る国際分業が行われるようになった。

💡 日本は，食料の多くを輸入に頼っており，食料自給率が低い。

- 地球温暖化や環境問題，難民問題など，一国では解決できない問題に対して，国際協力が求められている。

❷ 少子高齢化

- 日本は現在，子どもの数が減り，高齢者の割合が増える少子高齢化が進んでいる。

💡 公的年金など社会保障費の増加による，負担の増加が課題。

- 家族の形態が変化し，核家族の割合が高まっている。

❸ 情報化

- 情報通信技術(ICT)が発達し，情報が社会の中で果たす役割が拡大している。
- 人間の知能の働きをコンピューターがもつ人工知能(AI)が進化。
- 情報リテラシー…情報を正しく活用する力。
- 情報モラル…情報を正しく利用する態度。

▼日本の情報機器の普及率

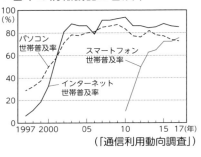

パソコン世帯普及率
スマートフォン世帯普及率
インターネット世帯普及率

(「通信利用動向調査」)

❹ わたしたちの生活・文化

□文化…人々の生活の中で形づくられ，受けつがれてきた有形・無形の財産。科学や宗教，芸術など。

□伝統文化…歌舞伎や能など，歴史的に受けつがれてきた文化。
沖縄や奄美群島の 琉球文化 ，北海道や樺太(サハリン)の アイヌ文化 など，多様な文化がある。

💡文化財保護法によって，有形・無形の文化遺産を保護している。

□多文化共生 …異なる考え方や価値観をもつ人々がともに暮らすこと。 ダイバーシティ (多様性)を尊重することが大事。
→だれもが使える ユニバーサルデザイン が広がっている。

❺ 現代社会の見方や考え方

□わたしたちは，家族や地域社会などの社会的集団の中で生活している。
→さまざまな 社会集団 に所属し，協力し助け合って生きていることから，人間は， 社会的存在 であるといわれる。

□対立 …考え方などのちがいから起こるさまざまな問題。
→解決するために，たがいが受け入れられる 合意 をめざす。

□社会集団などの中で決まり(ルール)をつくる。
→一人一人に保障された 権利 が守られるために，わたしたちには，決まりを守る 責任 や義務がある。

□決定の方法

方法	長所	短所
全会一致	全員が納得する	決定に時間がかかる
多数決	一定時間で終わる	少数意見が反映されにくい

□効率 …より少ない資源で，より大きな成果を得ること。

□公正 …一人一人を平等に尊重し，不当に扱わないこと。

社会

119

10 基本的人権と日本国憲法

❶ 日本国憲法

☐ 政治は，人の支配ではなく，$\boxed{法の支配}$に基づいて行われる。

☐ $\boxed{日本国憲法}$…1946 年 11 月 3 日公布，1947 年 5 月 3 日施行。

💡 国民主権，平和主義，基本的人権の尊重が基本原則。

☐ $\boxed{国民主権}$…主権者は国民である。

☐ $\boxed{平和主義}$…第 9 条で，戦争の放棄や世界平和のために努力することを定めている。国の防衛のために自衛隊を保持している。

・$\boxed{集団的自衛権}$…自国が攻撃を受けていない場合でも，同盟関係にある国が攻撃を受けたときに，防衛活動に参加する権利。

・日本は，非核三原則を掲げている。

☐ $\boxed{基本的人権の尊重}$…法の下の平等に基づき，一人一人をかけがえのない個人として尊重すること。

・$\boxed{公共の福祉}$に反しない限り尊重される。

・平等権，自由権，社会権，参政権，請求権がある。

☐ 憲法改正…日本国憲法は国の$\boxed{最高法規}$であるため，厳しい手続きが定められている。

☐ 天皇は，日本の国と国民統合の$\boxed{象徴}$で，$\boxed{内閣}$の助言と承認のもと，$\boxed{国事行為}$を行う。

❷ 平等権

☐ 平等権 …すべての人が法の下に平等な扱いを受ける権利。

・部落差別→ 2016 年，部落差別解消推進法が制定。

・アイヌ民族への差別→ 2019 年 アイヌ民族支援法 が制定。

☐ 1985 年に 男女雇用機会均等法 ，1999 年に男女共同参画社会基本法が制定され，男女平等をめざしている。

☐ 1970 年， 障害者基本法 が制定され，障がいがある人の自立や社会への参画支援が示された。

❸ 自由権

☐ 自由権 …個人の尊重のために，自由に考え，行動できる権利。

・ 精神の自由 …思想・良心の自由や信教の自由など。

・ 身体の自由 …奴隷的拘束・苦役からの自由など。

・ 経済活動の自由 …居住・移転・職業選択の自由など。

❹ 社会権

☐ 社会権 …人間らしい豊かな生活を送る権利。

・ 生存権 …健康で文化的な最低限度の生活を営む権利。

・教育を受ける権利…子どもが学校で学習する権利。

・ 労働基本権 …団結権・団体交渉権・団体行動権（争議権）。

❺ 参政権，請求権と国民の義務

☐ 参政権 …選挙権など，政治に参加する権利。

☐ 請求権 …裁判を受ける権利や国家賠償請求権など。

☐ 国民の義務…子どもに普通教育を受けさせる義務，勤労の義務，納税の義務 。

社会

121

11 新しい人権と日本の選挙制度

① 新しい人権

□社会の変化にともない，憲法に規定されていない新しい人権が主
　張されるようになった。

- ・ 環境権 …住みやすい環境を求める権利。
  - →地域開発前には，環境アセスメント(環境影響評価)を行う。
- ・ 自己決定権 …自分の生き方や生活の仕方を決定する権利。
- ・ 知る権利 …国民に国や地方の情報の開示を求める権利。
  - →情報公開制度を設置。
- ・ プライバシーの権利…私生活の情報を公開されない権利。
  - → 個人情報保護制度 を設置。

□1948年に 世界人権宣言 ，1966
　年に国際人権規約が採択され，人
　権保障の国際化が進んだ。

□国際的な人権を保障するために，
　 NGO (非政府組織)が活動。

② 民主主義

□ 民主主義 (民主政治)…国民もし
　くは，国民によって選ばれた代表
　者が権力を行使し，国民の意思に
　よって政治を行うこと。

▼インターネットによる人
権侵害

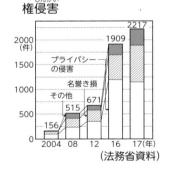

（法務省資料）

- ・ 直接民主制 …人々が直接話し合う。
- ・ 間接民主制 (議会制民主主義)…代表者が議会で話し合う。

💡民主政治では，少数意見の尊重も必要である。

❸ 選挙のしくみ

☐選挙の基本原則…| 普通選挙 | ，平等選挙，直接選挙，秘密選挙。

☐日本の選挙制度

・| 小選挙区制 | …一つの選挙区から一人の代表者を選ぶ。

・| 大選挙区制 | …一つの選挙区から複数の代表者を選ぶ。

・| 比例代表制 | …得票数に応じて，政党の議席数を決める。

→衆議院議員の選挙には| 小選挙区比例代表並立制 | を採用。

☐| 政党 | …政策について同じ考えをもつ人々が集まる団体。日本では，政党政治が行われている。政党は，総選挙で政権公約を掲げる。

☐内閣をつくり政権を担当する政党を| 与党 | ，それ以外の政党を| 野党 | という。

💡一つの政党だけで議席の過半数を獲得できないときは，連立政権（連立内閣）がつくられることがある。

❹ マスメディアの役割

☐| 世論 | …社会の問題について，多くの人々が共有する意見。

→新聞やテレビなどの| マスメディア | から得る情報の影響が大きい。

☐情報を批判的に読み解く| メディアリテラシー | が必要。

❺ 選挙の課題

☐投票に行かない| 棄権 | が多く，投票率が低下。

→期日前投票などを実施している。

☐| 一票の格差 | …選挙区における有権者数と議員定数の比率に不均衡が生じること。

▼一票の格差

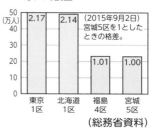

（総務省資料）

12 日本の政治のしくみと地方自治

① 国会

□国会は，国権の最高機関であり，国の唯一の 立法機関 である。

□国会の種類　　□二院制（両院制）

衆議院		参議院
465 人	定数	245 人※
4 年（解散あり）	任期	6 年（3 年ごとに半数改選）
25 歳以上	被選挙権	30 歳以上

※ 2021 年現在

□国会の仕事… 法律 の制定，予算の審議・議決，条約の承認など。

□ 衆議院の優越 …衆議院のみの権限や議決の優越がある。

□国会は，内閣が行う政治について調査する 国政調査権 をもつ。

□国会は， 弾劾裁判所 を設置し，裁判官を罷免できる。

② 内閣

□内閣… 内閣総理大臣（首相） と国務大臣からなる。

→内閣や各行政機関が，国の行政や地方行政を分担。

□公務員は， 全体の奉仕者 として仕事を行う。

□行政機関が行う仕事が拡大。

→日本は，規制緩和などの 行政改革 を進めている。

▼ 議院内閣制

国会 — 衆議院／参議院　内閣 — 内閣総理大臣／国務大臣

内閣不信任決議／解散の決定／指名／過半数は国会議員／連帯責任／任命・罷免

❸ 裁判所

☐ 司法(裁判) …法に基づいて, 争いや事件を解決する。

☐ 司法権の独立 …国会や内閣は裁判所に干渉してはならず, 裁判官は, 自らの良心にしたがい, 憲法と法のみにしばられる原則。

☐ 民事裁判 …個人や団体の争いを扱う。

☐ 刑事裁判 …犯罪があったかどうかについての刑事事件を扱う。

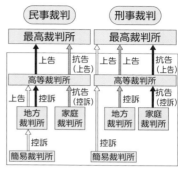

▼三審制

☐ 裁判員制度 …国民が裁判員として刑事裁判に参加する。

☐ 三権分立(権力分立) …国会が立法権, 内閣が行政権, 裁判所が司法権をもつ。たがいに行き過ぎを抑制し, 均衡を保つことで, 国民の人権を保障している。

❹ 地方自治

☐都道府県や市町村, 特別区などの 地方公共団体 (地方自治体)が地方自治を行う。

💡 国から仕事や財源を移す地方分権が進められている。

☐ 条例 …地方議会によって定められる, 独自の法。

☐ 直接請求権 …住民が地方自治に参加し, 直接意思を反映させる権利。

☐地方財政…自主財源は地方税。
 →地方公共団体による格差を是正するために, 地方交付税交付金 や国庫支出金を分配している。

☐住民の意見を反映するために, 住民投票 を実施している。

社会

125

13 消費生活と経済

❶ 消費生活

□経済…形がある 財 や形のない サービス を
生産し，消費することで，暮らしを豊かで便利
にするしくみ。求める量に対して，財やサービ
スが不足した状態を，希少性 があるという。

▼生産と消費

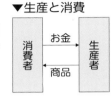

□家計 …収入と支出で成り立つ消費生活の単位。

💡収入－（消費支出＋非消費支出）＝貯蓄

□消費者主権 …企業がどのような商品を生産すべきかを最終的に
決定する権限は，消費者にあるとする考え。

□消費生活は，契約 によって成り
立っている。契約自由の原則のもと，
売る側と買う側で，何をいくらで買
うのかを合意し，契約が成立する。

▼契約のしくみ

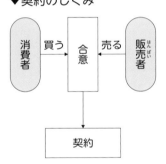

→契約が成立すると，勝手な取り消
しは許されない。

💡消費者が不利益を受ける
消費者問題 が起こることもある。

□消費者の権利を守るために，クーリング・オフ 制度や，企業の責
任について定めた 製造物責任法（PL法），消費者を保護する消
費者契約法などが制定された。

→消費者保護基本法は，2004 年に 消費者基本法 に改正。消費
者の権利が明確に定められた。

💡自立した消費者 として行動することが求められている。

❷ 流通

□ 流通…商品が卸売業者や小売業者から，消費者に届くまでの流れ。

□ 卸売業者や小売業者は，労力や費用をおさえるために，流通の合理化 を図っている。

💡 近年は，コンピューターで生産から販売までを一括で管理している。

▼ POS システム

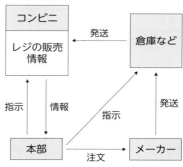

❸ 企業

□ 企業の目的は，利潤 を得て，それを大きくすること。資本金や働く人の数で，大企業と中小企業に分かれる。

□ 株式会社…株式 を発行した資金でつくられる会社。

□ 企業の種類

私企業	個人企業
	法人企業
公企業	地方公営企業
	独立行政法人

□ 株主には，株主総会での議決に参加し，利潤の一部を 配当 として受け取る権利がある。

❹ 労働者

□ 労働者の権利を保障するために，労働基準法 ，労働組合法，労働関係調整法などが制定されている。

→仕事と生活を両立する ワーク・ライフ・バランス が重要。

□ 非正規労働者 や外国人労働者など，すべての人に対する労働環境を整えることが必要。

社会

127

14 市場経済

❶ 市場経済のしくみ

☐市場経済では，消費者が買う量
（需要量）と生産者の売る量
（供給量）によって，価格が決まる。

☐独占…市場で商品を供給する企業
が1社のみの状態。

☐寡占…市場で商品を供給する企業
が数社のみの状態。

💡独占禁止法を制定し，公正取引委員会が監視を行っている。

☐公共料金は，国や地方公共団体が価格（料金）を決定・認可する。

☐需要量と供給量，価格の関係

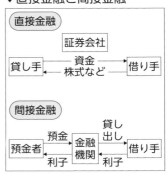

価格

需要曲線 供給曲線

均衡価格

0 数量

❷ 金融

☐金融…お金を融通する方法。

☐銀行…人々の預金を，家計や企業に貸し出す金融機関。

→お金を借りると，返済とともに，一定期間ごとに利子（利息）を支払う必要がある。

💡金利…元金に対する利子の比率。

☐為替…離れたところへお金を送るときに振り込みなどを行うこと。

▼直接金融と間接金融

直接金融

証券会社

貸し手 ──資金──→ 借り手
　　　←─株式など─

間接金融

預金者 ─預金→ 金融機関 ─貸し出し→ 借り手
　　　←利子─ 　　　　 ←利子─

→日本の流通貨幣の約9割は，預金通貨が占めている。

☐日本銀行は，日本の中央銀行で，発券銀行・政府の銀行・銀行の銀行の役割を果たしている。

128

❸ 金融政策

□景気…経済全体の状況。

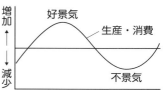
▼景気循環

- ・好景気(好況)…商品が多く売れ，生産量が増加し，家計収入が増加。

  →物価が上がり続ける インフレーション が起こる。

- ・不景気(不況)…商品が売れず，生産量が減少し，家計収入が減少。

  →物価が下がり続ける デフレーション が起こる。

□日本では，日本銀行が 金融政策 で景気を調整する。

❹ グローバル経済

□貿易…国と国との間で行われる商品の取引。

→近年は，日本企業が海外に多くの工場を移し，産業の空洞化が進んだ。

□為替相場(為替レート)…通貨と通貨を交換する比率。

- ・円高…外国通貨に対する円の価値が高まること。

- ・円安…外国通貨に対する円の価値が低くなること。

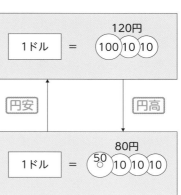

□多くの国に進出している 多国籍企業 が成長し，国際的な金融が活発になった。

💡 世界金融危機などを受けて，金融に対する規制が強化された。

社会

129

15 財政と福祉

① 財政

□ 財政 …国や地方公共団体の経済的な活動。

□ 所得に応じて，所得や財産への税率を高くする 累進課税 を実施。

→税金の公平性を保つ。

□ 政府は，社会資本（インフラ）の整備や，

公共サービス を提供する役割をもつ。

□ 財政政策 …政府が景気の安定を図ること。不景気のときは，

公共投資 を増加させる。

□ 税金だけではお金が足りないときは，国債や地方債などの 公債 を発行する。

□ おもな税金

	種類	納税先
直接税	所得税，法人税	国
	自動車税	道府県
	固定資産税	市町村
間接税	消費税，酒税	国
	道府県たばこ税	道府県
	入湯税	市町村

▼国債残高の推移

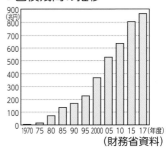

（財務省資料）

② 社会保障

□ 社会保障…国が国民の生活を保障するという考え方。

・ 社会保険 …毎月保険料を負担し，病気や高齢の人々へ給付。

・ 公的扶助 …生活保護法に基づき，生活費などを給付。

・ 社会福祉 …高齢者や障がいのある人を支援。

・ 公衆衛生 …社会環境の改善や感染症の予防など。

□少子高齢化にともない，社会保障にかかる費用が増加。
　→ 介護保険制度 や後期高齢者医療制度を導入している。
💡社会保険の持続や，加入者の保険料の負担の公平さが課題。

▼社会保障の費用の推移

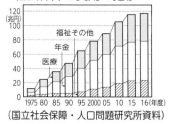

（国立社会保障・人口問題研究所資料）

❸　環境保全と経済

□高度経済成長期には，経済発展の一方，各地で 公害 が問題になり，人々は住民運動によって，公害対策を求めた。

□四大公害病… 水俣病 （熊本県や鹿児島県など）， イタイイタイ病 （富山県）， 四日市ぜんそく （三重県），新潟水俣病（新潟県）。

▼公害の内訳

2019年度
騒音 21.9%
大気汚染 20.3
悪臭 13.3
水質汚濁 7.8
振動 2.5
その他 34.2

（「日本国勢図会2021/22年版」）

□1993年，公害対策基本法を発展させ， 環境基本法 を制定。
　→近年は，地球温暖化や砂漠化，熱帯雨林の減少などの地球規模の環境問題を解決するために，企業が省資源・省エネルギー型の製品の開発を進めている。

□ 循環型社会 の実現に向けて，3Rが推奨されている。
　3R… リデュース （ごみを減らす）， リユース （使えるものをくり返し使う）， リサイクル （ごみを資源として活用する）。

□ 国内総生産（GDP） …国や地域で一定の期間に生産された財やサービスの合計。

💡GDPは，国の経済活動の規模を示す指標。

社会

16 国際社会と国際問題

① 国際社会

□国家は，国民・領域・主権からなる。主権をもつ国を，主権国家という。

💡領域…領土・領海・領空。領海の外に，排他的経済水域や公海が広がる。

□各国は国際法を尊重し，国際協調体制をとっている。

□日本の排他的経済水域

竹島

北方領土

尖閣諸島

排他的経済水域
（領海ふくむ）

② 国際連合（国連）

□国際連合（国連）…1945年，世界平和と安全を実現するために創設。一国一票制の総会や，安全保障理事会，専門機関からなる。

□安全保障理事会は，常任理事国（アメリカ・ロシア連邦・イギリス・フランス・中国）と非常任理事国10か国で構成され，常任理事国は拒否権をもつ。

□国連は，紛争が起こった地域で平和維持活動（PKO）を行っている。また，持続可能な開発を実現するために，2015年，持続可能な開発目標（SDGs）を定めた。

▼国連分担金の割合

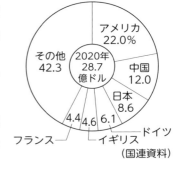

その他
42.3

2020年
28.7
億ドル

アメリカ
22.0%

中国
12.0

日本
8.6

ドイツ
6.1

イギリス
4.6

フランス
4.4

（国連資料）

❸ 各地域の様子

☐地域で複数の国がまとまる 地域主義 の動きが見られる。

- ・ヨーロッパ… ヨーロッパ連合（EU）
- ・東南アジア… 東南アジア諸国連合（ASEAN）
- ・アジア・太平洋地域… アジア太平洋経済協力会議（APEC）

☐ 南北問題 …発展途上国と先進工業国（先進国）の経済格差問題。

☐ 南南問題 …発展途上国間の経済格差問題。

❹ 国際問題

☐ 地球温暖化 やオゾン層の破壊などの地球環境問題が課題。

1992 年	国連環境開発会議（地球サミット） が開催。
1997 年	京都議定書が採択。
2015 年	パリ協定 が採択。

☐世界のエネルギーの多くは，石油や石炭などの化石燃料に依存。

→太陽光や風力などの 再生可能エネルギー への転換が課題。

☐世界の貧困問題を解決するために， フェアトレード （公正貿易）や，マイクロクレジット（少額融資）などが行われている。

☐核兵器を廃絶するために，1968 年，核保有国以外の国が核兵器をもつことを禁止する 核拡散防止条約（NPT）が採択された。

☐国連難民高等弁務官事務所（UNHCR）は， 難民 の保護活動を行っている。

☐日本は，発展途上国への 政府開発援助（ODA）で国際貢献を行っている。

☐文化の多様性を守るために，国連教育科学文化機関（UNESCO）が貴重な自然や文化財を 世界遺産 として登録している。

社会

1・2年のまとめ

❶ 世界と日本の姿

☐ アジア州とヨーロッパ州にまたがる，世界で最も面積が大きい国はどこか。

ロシア連邦

☐ ロンドンの旧グリニッジ天文台を通る，経度0度の経線を何というか。

本初子午線

☐ 日本の標準時子午線は，何度の経線か。

東経 135 度

☐ 北方領土にふくまれ，日本の最北端に位置する島を何というか。

択捉島

❷ 世界各地の人々の生活と環境

☐ 世界の五つの気候帯のうち，一年を通して降水量が非常に少ない気候帯を何というか。

乾燥帯

☐ 熱帯のうち，雨が少ない乾季と雨が降る雨季が見られる気候を何というか。

サバナ気候

☐ 寒帯のうち，短い夏に雪や氷がとけ，わずかにこけや草が生える気候を何というか。

ツンドラ気候

☐ 世界で最も信仰している人が多い宗教を何というか。

キリスト教

❸ 世界の諸地域

☐ アジア州の気候に影響をあたえる，夏と冬で吹く向きが変わる風を何というか。

季節風
（モンスーン）

☐ 中国の沿岸部に設置されている，外国企業を税金や輸出入の面で優遇する地域を何というか。

経済特区

134

□植民地時代に，商品作物を大量に栽培するためにつくられた大農園を何というか。

| プランテーション |

□ヨーロッパの大陸の西部を北上する暖流を何というか。

| 北大西洋海流 |

□ＥＵ(ヨーロッパ連合)の共通通貨を何というか。

| ユーロ |

□アフリカ大陸の北東部に流れる，世界で最も長い河川を何というか。

| ナイル川 |

□クロムなどの，地球上に存在する量が少ないか，取り出すことが困難な希少金属を何というか。

| レアメタル |

□アフリカ州の国々で見られる，特定の鉱産資源や農産物の輸出に頼った経済を何というか。

| モノカルチャー経済 |

□アメリカで多く働いている，メキシコや中央アメリカなどの国から移住した人々を何というか。

| ヒスパニック |

□それぞれの自然環境に適した農作物を栽培する農業を何というか。

| 適地適作 |

□アメリカで，北緯 37 度付近から南に位置する，情報通信技術(ＩＣＴ)産業が発達した地域を何というか。

| サンベルト |

□木を燃やし，灰を肥料にする農業を何というか。

| 焼畑農業 |

□さとうきびなどの植物を原料としてつくられる燃料を何というか。

| バイオ燃料 (バイオエタノール) |

□オーストラリアの先住民を何というか。

| アボリジニ |

□かつてオーストラリアなどを植民地支配した国はどこか。

| イギリス |

□かつてオーストラリアで行われていた，白人以外の移民を制限する政策を何というか。

| 白豪主義 |

社会

④ 地域調査の手法

☐ 地形図において，高さが等しい地点を結んだ線を何というか。 | 等高線

☐ 2万5000分の1の地形図では，主曲線は何mごとに引かれるか。 | 10 m

⑤ 日本の地域的特色

☐ 日本アルプスの東側にある，南北にのびる大きな溝状（みぞ）の地形を何というか。 | フォッサマグナ

☐ 河川が山から平野や盆地（ぼんち）に流れ出るところに，土砂（どしゃ）が堆積（たいせき）してできる地形を何というか。 | 扇状地

☐ 温帯のうち，日本列島のほとんどが属している気候を何というか。 | 温暖湿潤気候

☐ 2011年に発生した東日本大震災（だいしんさい）において，沿岸部に大きな被害（ひがい）をあたえた自然災害を何というか。 | 津波

☐ 自然災害が発生したときの被害予測などを記載（きさい）した地図を何というか。 | 防災マップ（ハザードマップ）

☐ 人口や企業（きぎょう）が集中し，交通渋滞（じゅうたい）や住宅不足などの問題が発生する状態を何というか。 | 過密

☐ 日本の発電の中心は何発電か。 | 火力発電

☐ 関東地方から九州地方北部の沿岸部に連なる工業地域を何というか。 | 太平洋ベルト

⑥ 日本の諸地域

☐ 世界最大級のカルデラがある火山を何というか。 | 阿蘇山

☐ 冬の温暖な気候を生かして，野菜の出荷時期を早める栽培（さいばい）方法を何というか。 | 促成栽培

□本州四国連絡橋のうち, 岡山県と香川県を結ぶ 　｜瀬戸大橋
　橋を何というか。

□石油精製工場を中心に, 関連する工場などが集 　｜石油化学コン
　まる地域を何というか。 　｜ビナート

□志摩半島や三陸海岸で見られる, 海岸線が複雑 　｜リアス海岸
　に入り組んだ地形を何というか。

□日本で最も大きな湖を何というか。 　｜琵琶湖

□飛騨山脈, 木曽山脈, 赤石山脈をまとめて何と 　｜日本アルプス
　いうか。 　｜(日本の屋根)

□愛知県や三重県に広がる, 日本で最も工業生産 　｜中京工業地帯
　額が高い工業地帯を何というか。

□輪島塗や九谷焼などの伝統的工芸品を生産して 　｜石川県
　いる県はどこか。

□関東平野に広がる, 赤色の火山灰土を何という 　｜関東ローム
　か。

□大都市向けに野菜や花などを生産する農業を何 　｜近郊農業
　というか。

□東京都では, 昼間人口と夜間人口のどちらが多 　｜昼間人口
　いか。

□東北地方の太平洋側で夏に吹く, 冷たくしめっ 　｜やませ
　た北東の風を何というか。

□夏にねぶた祭が行われる県はどこか。 　｜青森県

□北海道の先住民族を何というか。 　｜アイヌ民族

□十勝平野などで行われる, 一つの畑で異なる作 　｜輪作
　物を順につくる農業を何というか。

□北海道で登録されている世界自然遺産を何とい 　｜知床
　うか。

社会

137

❼ 古代

□現在の人類の直接の祖先にあたる人類を何という
か。

新人
(ホモ・サピエンス)

□ナイル川のほとりで栄えた文明を何というか。

エジプト文明

□縄文時代に，祈りのためにつくられた土製の人
形を何というか。

土偶

□魏に使いを送り，邪馬台国を治めた女王はだれ
か。

卑弥呼

□古墳時代に，朝鮮半島から日本に移り住んだ
人々を何というか。

渡来人

□聖徳太子が建立した，現存する世界最古の木造
建築の寺院を何というか。

法隆寺

□743 年に聖武天皇が定めた，新しく開墾した
土地の永久私有を認めた法律を何というか。

墾田永年私財法

□娘を天皇のきさきにして実権をにぎった，摂関
政治の最盛期の人物はだれか。

藤原道長

□紀貫之らがまとめた和歌集を何というか。

古今和歌集

❽ 中世

□12 世紀ごろ，平泉を拠点として東北地方を治
めた一族を何というか。

奥州藤原氏

□上皇が中心となって行う政治を何というか。

院政

□1221 年，後鳥羽上皇が鎌倉幕府をたおそうと
兵を挙げた戦いを何というか。

承久の乱

□法然が，一心に念仏を唱えれば極楽浄土に生ま
れ変われると説いた仏教の宗派を何というか。

浄土宗

□元寇が起こったときの鎌倉幕府の執権はだれか。

北条時宗

138

□後醍醐天皇が始めた，天皇中心の新しい政治を
何というか。 | 建武の新政

□室町幕府における,将軍の補佐役を何というか。 | 管領

□15世紀初めに，尚氏が沖縄島を統一して建て
た国を何というか。 | 琉球王国

□戦国時代に各国で定められた独自の法を何とい
うか。 | 分国法

□足利義政が，京都の東山に建てた別荘を何とい
うか。 | 銀閣

❾ 近世

□14～16世紀にかけてヨーロッパで広まった，
古代ギリシャなどの文芸復興を何というか。 | ルネサンス

□15世紀末に，スペインの援助で西インド諸島
に到達した人物はだれか。 | コロンブス

□全国を統一し，太閤検地や刀狩などを行った人
物はだれか。 | 豊臣秀吉

□大名に1年おきに江戸と領地を往復させた制度
を何というか。 | 参勤交代

□江戸時代に，人口の8割以上を占めた身分を何
というか。 | 百姓

□江戸時代に大阪に置かれ，諸藩が年貢米や特産
物を売りさばいた倉庫を何というか。 | 蔵屋敷

□江戸幕府8代将軍徳川吉宗が行った政治改革を
何というか。 | 享保の改革

□老中田沼意次が結成を奨励した同業者組合を何
というか。 | 株仲間

社会

139

□19世紀前半に，江戸の庶民を中心に栄えた文 | 化政文化
化を何というか。
□天保の改革を行った老中はだれか。 | 水野忠邦

⑩　近代

□17世紀半ば，イギリスでクロムウェルの指導 | ピューリタン
のもと起こった革命を何というか。 | (清教徒)革命
□1861年，アメリカで奴隷制などをめぐって起 | 南北戦争
こった内乱を何というか。
□1854年に，日本がアメリカと結んだ条約を何 | 日米和親条約
というか。
□江戸幕府15代将軍徳川慶喜が政権を朝廷に返 | 大政奉還
したできごとを何というか。
□明治政府が藩を廃止して，府や県を置いた政策 | 廃藩置県
を何というか。
□人間の平等を説いた「学問のすゝめ」を著した | 福沢諭吉
人物はだれか。
□1874年，民撰議院設立の建白書を政府に提出 | 板垣退助
し，のちに自由党を結成した人物はだれか。
□大日本帝国憲法において主権をもつのはだれか。 | 天皇
□1894年，イギリスとの間で，領事裁判権の撤 | 陸奥宗光
廃に成功した外相はだれか。
□日清戦争の講和条約を何というか。 | 下関条約
□1902年，ロシアに対抗するために日本が同盟 | イギリス
を結んだ国はどこか。
□1911年に中国で辛亥革命を起こし，三民主義 | 孫文
を唱えた人物はだれか。

❼ 漢文

・次の説明に合う漢詩の種類を答えなさい。

□ 四句からなり、一句の文字数が五字の漢詩。

□ 八句からなり、一句の文字数が七字の漢詩。

・次の漢文を読むとき、適切な順番のものを【　】から選び、記号で答えなさい。

□　□ー□レ□レ□下□レ□二□ー。

□　□□□□□二□一□□。

□　□□□□□□二□一。

ア　① ③ ② ⑤ ④ ⑥

ウ　⑤ ① ⑦ ② ③ ⑥ ④。

イ　① ③ ② ⑥ ④ ⑤ ⑦。

エ　⑦ ① ⑤ ② ③ ④ ⑥。

・次の漢文の書き下し文を答えなさい。

□ 臣請、為レ王言レ楽。
　　　　（しん　こふ、ためニ　ハンがくヲ）

□ 命二故人一書レ之。
　　　（ジテ　　　　カシムこれヲ）

□ 隋ノ文帝至二宮所一、
　（ずい　ぶん　てい　リ　　ニ）

五言絶句 □

七言律詩 □

イ □

エ □

臣請ふ、王の為に楽を言はん。

故人に命じて之を書かしむ。

隋の文帝宮所に至り、

141

・次の歴史的かな遣いを現代かな遣いに直しなさい。

□ もちゐる

□ くわげつ

□ いみじう

□ てふてふ

・次の古語の意味を〔　　　〕から選びなさい。

□ ありがたし

□ やがて

□ をかし

□ なのめなり

〔　そのまま、すぐに　　めったにない　　趣がある　　ありふれている　〕

・次の文には係り結びが用いられている。係りの助詞と結びの語を抜き出しなさい。

□ 隆家こそいみじき骨は得てはべれ

□ その宮へなむおはしましける

もちゐる

かげつ

いみじゅう

ちょうちょう

ありふれている

趣がある

そのまま、すぐに

めったにない

こそ

なむ

はべれ

ける

❺ 詩・短歌

・次の説明に合う詩の種類を答えなさい。

☐ 現代の言葉で書かれており、音数や行数に決まりがない詩。

☐ 古文の言葉で書かれており、各行の音数や連の行数に決まりがある詩。

・次の短歌で使われている表現技法を【 】から選びなさい。

☐ 春過ぎて　夏来にけらし　白妙の　衣ほすてふ　天の香具山
　　　　　　　　　　　　　　　　　しろたへ　　　　　こ ろ も　　　　あま　　かぐやま
　　　　　　　　　　　　　　　　　　　　　　　　　　　　　　　　　　持統天皇
　　　　　　　　　　　　　　　　　　　　　　　　　　　　　　　　　　じ とう

☐ 親馬の　道をいそげば　きりにぬれて　子馬も走る　いななきながら
　　　　　　　　　　　　　　　　　　　　　　　　　　　　　　　　　　橋田東声
　　　　　　　　　　　　　　　　　　　　　　　　　　　　　　　　　　はし だ とうせい

☐ みちのくの　母のいのちを　ひと目見ん　ひと目見んとぞ　ただにいそげる
　　　　　　　　　　　　　　　　　　　　　　　　　　　　　　　　　　斎藤茂吉
　　　　　　　　　　　　　　　　　　　　　　　　　　　　　　　　　　さいとう も きち

【　倒置法　　反復法　　体言止め　】
　　とう ち

・次の短歌の句切れを答えなさい。

☐ 白鳥は　かなしからずや　空の青　海のあをにも　染まずただよふ
　しらとり
　　　　　　　　　　　　　　　　　　　　　　　　　　　　　　　　　　若山牧水
　　　　　　　　　　　　　　　　　　　　　　　　　　　　　　　　　　わかやまぼくすい

☐ 心なき　身にもあはれは　知られけり　鴫立つ沢の　秋の夕ぐれ
　　　　　　　　　　　　　　　　　　　しぎ　　さわ
　　　　　　　　　　　　　　　　　　　　　　　　　　　　　　　　　　西行法師
　　　　　　　　　　　　　　　　　　　　　　　　　　　　　　　　　　さいぎょうほうし

☐ 牡丹花は　咲き定まりて　静かなり　花の占めたる　位置の確かさ
　ぼ たん か　　　さ　　　　　　　　　　　　し
　　　　　　　　　　　　　　　　　　　　　　　　　　　　　　　　　　木下利玄
　　　　　　　　　　　　　　　　　　　　　　　　　　　　　　　　　　きのしたり げん

☐ 口語自由詩

☐ 文語定型詩

☐ 体言止め

☐ 倒置法

☐ 反復法

☐ 二句切れ

☐ 三句切れ

☐ 三句切れ

❹ 接続語と呼応の副詞

・次の各文の[　]にあてはまる接続語を、〔　〕から選びなさい。

□僕の母の弟、[　]僕の叔父は高校で化学を教えている。

□台風が近づいている。[　]、明日の試合は中止になった。

□休み時間は読書をしますか。[　]、運動場へ遊びに出ますか。

□マラソンの途中で足をくじいてしまった。[　]、最後まで走り切った。

□熱心に部活動に取り組んでいますね。[　]、明日はお祭りに行きますか。

□私の姉はスポーツが得意だ。[　]、勉強も得意だ。

□弟が学校を休んだ。[　]、高熱を出したからだ。

〔　なぜなら　しかし　ところで　また　つまり　それとも　だから　〕

・次の各文の――線部の呼応の副詞に合うように、文末の言葉を答えなさい。

□雨が上がったので、たぶん彼は来る[　]。

□どんなに困難な状況でも、兄は決してあきらめ[　]。

□コンクールで金賞をとった演奏を、ぜひ聞き[　]。

□山頂から眺める風景は、まるで絵画の[　]。

| つまり |
| だから |
| それとも |
| しかし |
| ところで |
| また |
| なぜなら |

| だろう |
| ない |
| たい |
| ようだ |

国語

144

❸ 文節・単語と文節どうしの関係

・次の各文を、〔 〕の指示にしたがって区切るといくつに分けられるか答えなさい。

☐ あの山のふもとに私の祖父は住んでいる。〔文節に区切る〕

☐ 文章から筆者の言いたいことを読み取る。〔単語に区切る〕

・次の各文の——線部の文節の関係を〔 〕から選び、記号で答えなさい。

☐ 田中さんは、明るくて 優しい 人だ。

☐ 将来の 夢は、小学校の 先生に なる ことです。

☐ たくさん 歩いて 疲れたので ベンチに 座った。

☐ 突然の ことに 驚いて、大声を 出して しまった。

☐ 田中さん、それは 本当の ことなのですか。

☐ 小学校の 同級生に 久しぶりに 会った。

☐ 私も あの おいしそうな ケーキを 食べたい。

☐ 難しい 問題の 解き方を 友人に 教えて もらう。

〔
ア 主語・述語の関係
イ 修飾・被修飾の関係
ウ 接続の関係
エ 独立の関係
オ 並立の関係
カ 補助の関係
〕

| カ | ア | イ | エ | カ | ウ | イ | オ | | 9 | 7 |

❷ 敬語

・次の各文の──線部を、〔　　〕の指示にしたがって適切な敬語に直しなさい。

- お客様がコーヒーを飲む。〔尊敬語／特別な動詞を用いて〕
- 出されたケーキを食べる。〔謙譲語／特別な動詞を用いて〕
- 先生から本を借りる。〔謙譲語／特別な動詞を用いずに〕
- 母は明日の夕方であればいます。〔謙譲語／特別な動詞を用いて〕
- 今、校長先生は校長室にいる。〔尊敬語／特別な動詞を用いて〕
- 市長が知事に会う。〔尊敬語／「お(ご)～」の形を用いて〕
- 初めて市長に会う。〔謙譲語／特別な動詞を用いて〕
- 教授の講義ビデオを見る。〔謙譲語／特別な動詞を用いて〕
- 先生が生徒の描いた絵を見る。〔尊敬語／特別な動詞を用いて〕
- 教授が論文を読む。〔尊敬語／「～れる」の形を用いて〕
- 教授の論文を読む。〔謙譲語／特別な動詞を用いて〕
- 昨日、先生に言ったとおりです。〔謙譲語／特別な動詞を用いて〕
- お客様の言うとおりです。〔尊敬語／特別な動詞を用いて〕

- 召し上がる
- いただく
- お借りする
- おります
- いらっしゃる
- お会いになる
- お目にかかる
- 拝見する
- ご覧になる
- 読まれる
- 拝読する
- 申し上げた
- おっしゃる

一・二年のまとめ

❶ 同訓異字・同音異義語

・次の各文の——線部のカタカナを漢字に直しなさい。

- 家から駅までの距離（きょり）をハカる。
- 一年生イガイは全員帰宅した。
- 父は大学で歴史学をオサめた。
- まちがいを認めてアヤマる。
- 生命の起源をツイキュウする。
- 地域の活動にカンシンをもつ。
- 生徒総会の司会をツトめる。
- 校庭のはしに銅像をタてる。
- 預金の残高をショウカイする。
- 漁船が他国の領海をオカす。
- 学校のマワりの自然を観察する。

□ 測
□ 以外
□ 修
□ 謝
□ 追究
□ 関心
□ 務
□ 建
□ 照会
□ 侵
□ 周

❷ 品詞の分類

□ 次の各文の──線部の品詞名を答えなさい。

(1) 今度はもっと落ち着いて説明しよう。

(2) 映画を見ようか、それとも、遊園地に行こうか。

(3) ホームランを打たれる。

(4) だんだん空が暗くなってきた。

(5) 公園にいろんな種類の花が咲いている。

(6) 友人はしっかりとした考えをもっている。

(7) 私も一緒に学校へ行く。

(8) こんにちは、今日はどちらへお出かけですか。

(9) あの花が咲いたらきっときれいだろう。

副詞

接続詞

助動詞

形容詞

連体詞

名詞

助詞

感動詞

形容動詞

💡言葉の最小単位である 単語 は、 自立語 と 付属語 に分けられ、その中で活用するものとしないものに分けられる。

・自立語で活用する…… 動詞 ・ 形容詞 ・ 形容動詞

・自立語で活用しない… 名詞 ・ 副詞 ・ 連体詞 ・ 接続詞 ・ 感動詞

・付属語で活用する… 助動詞

・付属語で活用しない… 助詞

6 文法の練習

❶ 活用する自立語

□ 次の各文の──線部の動詞の活用の種類と、ここでの活用形を答えなさい。

(1) 私はあの人のことをよく知らない。

　　活用の種類… 五段活用　　活用形… 未然形

(2) ドアを閉めてください。

　　活用の種類… 下一段活用　　活用形… 連用形

(3) ちょっとこっちへ来い。

　　活用の種類… カ行変格活用　　活用形… 命令形

(4) 喉元過ぎれば熱さを忘れる。

　　活用の種類… 上一段活用　　活用形… 仮定形

□ 次の各文の中から形容詞・形容動詞をそのまま抜き出し、ここでの活用形を答えなさい。

(1) 授業中は先生の話を静かに聞こう。

　　静かに　　活用形… 連用形

(2) 今日はとても穏やかな陽気だ。

　　穏やかな　　活用形… 連体形

(3) 彼の演技はすばらしかった。

　　すばらしかっ　　活用形… 連用形

(4) 祖母はきっと元気だろう。

　　元気だろ　　活用形… 未然形

💡 「来る」「する」以外の動詞は、未然形の形で活用の種類を見分けることができる。

💡 形容詞の言い切りの形は「い」、形容動詞の言い切りの形は「だ・です」になる。

149

② 一字の書き取り

□ 次の各文の——線部のひらがなを、送りがなをつけて漢字に直しなさい。

(1) シャワーをあびる。 〔浴びる〕

(2) 友だちに漫画をかす。 〔貸す〕

(3) ライオンはむれで暮らす。 〔群れ〕

(4) 赤色のマフラーをあむ。 〔編む〕

(5) 大きな城をきずく。 〔築く〕

(6) 祖父に荷物をとどける。 〔届ける〕

(7) けわしい表情を浮かべる。 〔険しい〕

(8) 午前中に用事がすむ。 〔済む〕

(9) 毎日畑をたがやす。 〔耕す〕

(10) 日常生活をいとなむ。 〔営む〕

(11) 観光地をおとずれる。 〔訪れる〕

(12) おさない子どもを育てる。 〔幼い〕

(13) 包丁でねぎをきざむ。 〔刻む〕

(14) 新しい窓口をもうける。 〔設ける〕

(15) 銀行につとめる。 〔勤める〕

(16) 年長者をうやまう。 〔敬う〕

(17) 犯人の供述をうたがう。 〔疑う〕

(18) 先生の指示にしたがう。 〔従う〕

(19) 領地をおさめる。 〔治める〕

(20) こころよい音色が聞こえる。 〔快い〕

💡 訓読みを覚えるときは、読み方だけでなく、送りがなも必ず確認すること。活用する言葉は、活用によって形が変わるところから送りがながつくことが多い。

例 〔重なる〕→〔重ねる〕と区別するため、「な」から送る。

❶ 熟語の書き取り

□次の各文の――線部のカタカナを漢字に直しなさい。

(1) キオクに残る演奏。 【記憶】

(2) 本をヘンキャクする。 【返却】

(3) 飛行機のソウジュウをする。 【操縦】

(4) 血液のジュンカン。 【循環】

(5) 新作の映画をヒヒョウする。 【批評】

(6) 話をカンケツにまとめる。 【簡潔】

(7) フクザツな手続き。 【複雑】

(8) メンミツな計画を立てる。 【綿密】

(9) ウチュウについての研究。 【宇宙】

(10) 学校まで歩いてオウフクする。 【往復】

(11) 昼と夜でカンダンの差がある。 【寒暖】

(12) ケンコウは何より大切だ。 【健康】

(13) 激しい議論がテンカイされる。 【展開】

(14) ホウフな知識を披露(ひろう)する。 【豊富】

(15) 需要(じゅよう)とキョウキュウ。 【供給】

(16) 事故の原因をスイソクする。 【推測】

(17) 世界イサンに登録される。 【遺産】

(18) 長年のコウセキをたたえる。 【功績】

💡 形が似ている漢字を覚えるときは、漢字の形や読み方だけでなく、意味や使い方も注意して確認(かくにん)しておくこと。

❷ 複数の読みがある漢字

□次の各文の──線部の漢字の読みを答えなさい。

(1) 災害から復興する。　ふっこう

(2) 科学に興味をもつ。　きょうみ

(3) 事業の規模を拡大する。　きぼ

(4) 模擬試験を受ける。　もぎ

(5) 柔和なまなざし。　にゅうわ

(6) 柔軟な対応をする。　じゅうなん

(7) 作業のむだを省く。　はぶ

(8) 過去の行いを省みる。　かえり

(9) 厳しい訓練を積む。　きび

(10) 厳かな雰囲気の会場。　おごそ

💡 二通りの訓読みがある漢字は、送りがなに注目する。

❸ 熟字訓

□次の各文の──線部の漢字の読みを答えなさい。

(1) 老舗の店を訪れる。　しにせ

(2) 固唾を飲んで見守る。　かたず

(3) 名残惜しい別れ。　なごり

(4) 家族に土産を買う。　みやげ

(5) 庭一面に砂利を敷く。　じゃり

(6) 犯人の行方を追う。　ゆくえ

💡 それぞれの漢字の読み方に関係なく、漢字二字以上の熟語全体に訓読みをあてはめたものを 熟字訓 という。

例　昨日（きのう）　田舎（いなか）　雪崩（なだれ）　五月雨（さみだれ）

4 漢字の読みの練習

❶ 漢字の読み取り

□次の各文の──線部の漢字の読みを答えなさい。

(1) 何かが衝突したような音。 しょうとつ

(2) 大きな騒動となった。 そうどう

(3) 頻繁に買い物をする。 ひんぱん

(4) 抑揚のある表現。 よくよう

(5) どうも遺恨があるようだ。 いこん

(6) 干渉せずに見守る。 かんしょう

(7) 均衡が崩れる。 きんこう

(8) 自然の恩恵を受ける。 おんけい

(9) すぐ教室に戻る。 もど

(10) 両手で顔を隠す。 かく

(11) ミスをした自分を戒める。 いまし

(12) 剣を携えて出発する。 たずさ

(13) 満天の星空を眺める。 なが

(14) 二つの国を隔てる壁。 へだ

💡 熟語の読み方が「音+訓」のものは 重箱読み 、熟語の読み方が「訓+音」のものは 湯桶読み という。

例 重箱読み…役割・素顔・台所・番組・本場 など

湯桶読み…油絵・消印・雨具・見本・朝晩 など

153

② 故事成語

□次の故事成語の意味を〔　　　〕から選び、記号で答えなさい。

(1)杞憂 〔 ア 〕　(2)矛盾 〔 イ 〕　(3)推敲 〔 ウ 〕

〔　ア　不要な心配をすること。　イ　つじつまが合わないこと。　ウ　文章を何度も練り直すこと。　〕

💡故事成語は、中国の古い書物から生まれた言葉。二字熟語や四字熟語のものが多い。

例　蛇足　画竜点睛　杜撰

□次の文の　　　にあてはまる故事成語を〔　　　〕から選び、記号で答えなさい。

この物語は全体を通しておもしろいが、特に結末が イ だ。

〔　ア　漁夫の利　イ　圧巻　ウ　五十歩百歩　〕

💡アは二者が争っているすきに 第三者が利益を横取りすること 、イは書物などで 最も優れている部分 、ウは大差が無く 似たり寄ったりである という意味。

□次の故事成語に合う出来事を〔　　　〕から選び、記号で答えなさい。

(1)守株 〔 イ 〕　(2)塞翁が馬 〔 ア 〕

〔　ア　寝坊して出かけられなかったが、そのおかげで久しぶりに叔父さんに会うことができた。

イ　クラスで決めた忘れ物防止の案だが、ほかによい案が見つかったのに以前の案のままである。　〕

国語

3 慣用句・故事成語

❶ 慣用句

□ 次の慣用句の □ にあてはまる言葉を答えなさい。

(1) □胸□ をなでおろす　(2) □指□ をくわえる　(3) □手□ を抜く　(4) □腕□ が鳴る

💡 体の一部分を表す言葉が使われた慣用句が多い。

例　足→足が出る・足が棒になる　　□→口がかたい・口をそろえる

□ 次の □ にあてはまる慣用句を〔　〕から選び、記号で答えなさい。

(1) あんなに頑張ったのに、報酬が □ウ□ で悲しい。

(2) あの人は、なぜ今になってそんなことを言って □ア□ のだろうか。

〔　ア　水を差す　　イ　鼻が高い　　ウ　すずめの涙　〕

💡 アは熱意や勢いを 誇らしく 思うさま、ウは非常に 少ない こと。

□ 次の慣用句の意味を〔　〕から選び、記号で答えなさい。

(1) 気が置けない □イ□　(2) 舌を巻く □ア□　(3) 泡を食う □ウ□

〔　ア　驚いて感心する。　　イ　遠慮しなくてよい。　　ウ　とても驚いてあせる。　〕

❷ ことわざ

□ 次の ☐ にあてはまる言葉を答えなさい。

(1) 待てば 海路 の日和あり

(2) 身から出た さび

(3) 三人寄れば文殊の 知恵

(4) 立て板に 水

(5) 石の上にも 三年

(6) 青菜に 塩

□ 次のことわざの意味を〔 　 〕から選び、記号で答えなさい。

(1) 魚心あれば水心 〔 ア 〕

　ア 相手の出方でこちらの応じ方が決まること。　イ 自分の気持ちをまっすぐに伝えること。

(2) 紺屋の白袴 〔 イ 〕

　ア 自己中心的な振る舞いのこと。　イ 相手の世話ばかりで自分のことに手が回らないこと。

□ 次の ☐ にあてはまることわざを〔 　 〕から選び、記号で答えなさい。

(1) 「紺屋の白袴」は 『医者の不養生』 と似た意味をもつ。

(2) 彼に注意してもいつも ウ だな。

　ア 対岸の火事　イ すずめ百まで踊り忘れず　ウ ぬかにくぎ

〔 ア 〕だと思っていると、いつか大変な目にあうよ。

「ぬかにくぎ」は 『のれんに腕押し』 と似た意味をもつ。

2 四字熟語・ことわざ

❶ 四字熟語

◻ 次の四字熟語の ◻ にあてはまる漢字を答えなさい。

(1) 急|転|直下

(2) 公明|正|大

(3) 粉|骨|砕身

(4) 付|和|雷同

(5) 絶|体|絶命

(6) 羊|頭|狗肉

(7) |言|行一致

(8) 質|実|剛健

(9) 自|画|自賛

(10) 完全無|欠|

◻ 四字熟語には、数字を使ったものも多数ある。

例 一進一退 二束三文 三寒四温 四苦八苦 五臓六腑

◻ 次の四字熟語の意味を〔 〕から選び、記号で答えなさい。

(1) 品行方正 〔 ア 〕
- ア 行いが正しくきちんとしていること。
- イ 自分の行いに自信があること。

(2) 四面楚歌 〔 ア 〕
- ア 味方がだれもいないこと。
- イ 悲しみなげくこと。

(3) 巧言令色 〔 ア 〕
- ア 言葉を飾り取り繕うこと。
- イ 自分の容姿ばかり気にすること。

(4) 日進月歩 〔 イ 〕
- ア 周囲と歩幅を合わせて進むこと。
- イ 日々絶えず進歩すること。

(5) 我田引水 〔 ア 〕
- ア 自分の利益になるように働くこと。
- イ 手柄を人に譲ること。

◻ 「四面楚歌」など、故事成語として扱われる四字熟語もある。

❸ 俳句の形式と特色

- 五・七・五 の十七音からなる 定型詩 。この形式にとらわれない自由な音数の句を 自由律俳句 という。

- 自然現象や行事などを表す 季語 を一句に一つ詠み込むのが原則。

💡 季語は 旧暦 に基づいた季節を表すので、現代の感覚とはずれがある点に注意する。

- 次の俳句の季語と季節を答えなさい。

(1) 赤い椿　白い椿と　落ちにけり

河東碧梧桐

季語…椿　季節…春

(2) 朝顔に　つるべ取られて　もらひ水

加賀千代女

季語…朝顔　季節…秋

(3) 五月雨や　大河を前に　家二軒

与謝蕪村

季語…五月雨　季節…夏

(4) やせ蛙　負けるな一茶　これにあり

小林一茶

季語…蛙　季節…春

(5) をりとりて　はらりとおもき　すすきかな

飯田蛇笏

季語…すすき　季節…秋

❹ 俳句の表現技法

- 次の俳句が何句切れかを答えなさい。

荒海や　佐渡に横たふ　天の川

松尾芭蕉

初句切れ

💡 感動の強調や句切れを表すための 「や」「かな」「けり」などの語を 切れ字 という。

和歌・俳句

❶ 三大和歌集

□ **万葉集**…奈良時代末期のもので、現存する日本**最古**の和歌集。大伴家持が中心となって編纂。

□ **古今和歌集**…平安時代初期に、天皇の勅命で編纂された最初の**勅撰和歌集**である。紀貫之、紀友則らによって編纂。

□ **新古今和歌集**…鎌倉時代初期に、**後鳥羽上皇**の勅命で編纂された**勅撰和歌集**である。藤原定家らによって編纂。

❷ 和歌の表現技法

□ 次の枕詞が修飾する言葉を〔　　〕から選びなさい。

(1) あかねさす 　[日]　(2) あしひきの 　[山]　(3) たらちねの 　[母]　(4) ちはやぶる 　[神]

〔 山　母　雨　日　神 〕

💡 特定の語の前に置かれる言葉を **枕詞** という。

💡 一つの言葉に二つ以上の意味をもたせる **掛詞** という表現技法もある。

例　あき→秋・飽き　　たより→頼り・便り　　うき→憂き・浮き

国　語

  スマホで一問一答！

初版
第1刷 2021年12月1日 発行

●編 者
　数研出版編集部
●カバー・表紙デザイン
　株式会社クラップス

発行者　星野 泰也
ISBN978-4-410-15547-5

本とスマホでどこでも！ 5教科ポイントまとめ
中3＋中1・2の復習

発行所　数研出版株式会社

本書の一部または全部を許可なく
複写・複製することおよび本書の
解説・解答書を無断で作成するこ
とを禁じます。

〒101-0052 東京都千代田区神田小川町2丁目3番地3
　　　　　　　　　　　〔振替〕00140-4-118431
〒604-0861 京都市中京区烏丸通竹屋町上る大倉町205番地
〔電話〕代表 (075)231-0161
ホームページ　https://www.chart.co.jp
印刷　河北印刷株式会社
　　　乱丁本・落丁本はお取り替えいたします　211001